雨が降ったら仕事が始まる

地方公務員の水防業務

太田和良
Ota Kazuyoshi

東方出版

いち、地方公務員で、土木屋の拙い話かと思います
でも、全国どこの地方、どの組織にもあると思います
批判に聞こえたら胸に手を当ててみてください
愚痴に聞こえたら笑ってください
過去のことというのなら歴史と言い換えてみてください
対岸の火事というのなら他山の石と思い直してみてください
成程と思えたら取り入れてみてください
真黒と思えても逃げずに光穴を探して歩いてください
自分で歩いた道の先には自分が最も見たい世界が開けるはずだから

序章　自然観察と私の知る防災

　大門川は和歌山市内を流れる一級河川です。太古の昔には紀の川の本流の一部でしたが、今では紀の川から離れ、市内の真ん中を西進し、途中で和歌川と名前を変え、南下して和歌浦湾に流れています。大門川の上流にある宮井用水というのは、紀の川の水を岩出の堰で取水して紀の川平野を潤す重要な農業用水路ですが、和歌山市鳴神地内にある音浦水門で市内に網目のように張り巡らされた水路に分水されています。大門川はこの音浦水門の溢水を受けるところが起点となって流れています。沿川には住宅や工場、かつてのネオン街が張り付いていて、和歌山市にとっては重要な河川の一つとなっているのです。

　この大門川は私の家から歩いて十分ほどのところを通るので、川沿いは時折の私たち夫婦の散歩コースとなっています。

「あれ！　カワセミ？」

　大門川のほとりで青い姿の小鳥が翔ぶのを見かけました。

　きれいな川の象徴としてよく引き合いに出されるカワセミですが、意外と住宅街の近く、決して清流とは言えないところにも棲んでいるのです。私が現役の地方公務員であったときもそうでしたが、川とまちづくりが議論されるとき、よく「河川空間」という言い方をします。大雨が降ったときに大量の水、つまり洪水を流すための空きスペースで、天気の良い時には全く使われない広い空間があって、もったいないから公園にして人が使おう、という趣旨でしょうか。あるいは「河川環境」の保全と言ったりもします。水質をきれいにして、魚の棲める川を取り戻そうなんてスローガンもよく聞くフレーズです。自然に飛び交う小鳥たちを見ていると、この空間や環境って何なんだろうと考えてしまいます。

大門川に沿って歩いていて、見かけるのはカワセミだけではありません。アオサギ、コサギ、チュウサギといった大型の鳥たち、スズメ、セキレイ、イソヒヨドリといった小鳥たち、キジバト、カモ、もちろんハトやカラスも飛んでいます。川の中を覗き込むと大きなコイに、カメがのそのそと歩いているし、夏場にはどこからかカエルの声も聞こえます。冬場はきっとどこかの泥の中で冬眠しているのでしょう。中学生の時に習った、魚類、両生類、爬虫類、そして鳥類、哺乳類。空間とか環境って、そこにはどれか一つがいるわけでなく、どれか一つのためだけにあるものではないんだな、ってつくづく思います。

「カワセミは土手と水面の境の、崩れた石積みの隙間のようなところに巣を作るんだって、なぜかわかる?」と妻がクイズを投げてきました。「いや?」

「上から天敵に見つからないようにしてるんだって」「なるほど!」

土手にはスイセンが咲き誇っています。

「スイセンはナルシスとも言うんだって」「自分の美貌が気になって、常に水面に映る自分の姿を見てるから」なるほどナルシストか。スイセンの花はずっと川面を覗き込んでます。

空間、空気、水、土、生き物、植物、そして環境が、時間の流れとともに、一瞬のここにあります。必然のような偶然?　かも。

私は地方公務員として、長年「防災」に携わってきました。社会の安全・安心、時には人の生死にもかかわる大切な仕事だと思っています。だけど、それすら人生の、社会の、自然の、そして時の流れの中の一幕に過ぎないでしょう。だから読者の方にお願いです。途中少し煩わしい話もしますが、何となく読み進めて下さい。そこには何かあると思うので……。

さて、かれこれ三十年も昔の話になるので、こんなことを今の防災担当者と呼ばれる人たちに話をすると大笑いされるかも、と思いつつ私と防災の話を始めます。

私が和歌山県庁に入って二つ目の職場は河川課のダム担当で、上司はダム管理のベテランと言われる方でした。当時は上司のお宅に招待されることもしばしばありましたが、その方のお宅に招かれたときのことが印象に残っています。お宅の庭の真ん中に縁側の窓際からはっきり見えるように少し大きな口で円筒形の瓶が置かれていました。その方は瓶の側面に引いた線を指さして、「この線を越えたら県庁出勤です。」と、真顔で言いました。当時は気象情報を手に入れるのが難しく、たとえ情報が得られてもそんなに精緻ではありませんでした。だから、その人なりに真剣に、瓶の雨水のたまり具合から県内全域の雨の状況を推測していたのです。「この雨なら大したことはない」と判断すれば、ダム操作の対応はダム管理事務所の所長に任せるし、「これは危ない」と感じれば、真っ先に出勤して、ダム管理における県庁組織のヘッドクオーターとして現場の指揮にあたっていました。

時は流れて平成二十三年の九月、紀伊半島大水害が発生しました。この年、和歌山県は災害の多い年であったと覚えています。二月には豪雪、鳥インフルエンザ、三月十一日の東日本大震災では和歌山県中の沿岸でも津波警報、そして関西広域連合のカウンターパート方式による東北支援、七月に和歌山県中部で震度五強の地震、七月から九月にかけて三本の台風が接近と、複合災害の様相を呈していました。中でも九月二～四日の台風十二号による災害が、「紀伊半島大水害」と命名されるほど大きな被害となったのです。当時、県土整備総務課で政策企画班長をしていた私は、土木職員に関する人員の再配置、東日本大震災で派遣していた職員の呼び戻しや他府県からの応援受け入れのための調整、被害や復旧の状況の取りまとめと発信、国への支援要請など、多くの特殊な業務を経験することとなりました。

本書の表題は「雨が降ったら仕事が始まる」としました。わが子にお父さんの携わる「水防」という防災の「お仕事」を説明する時に使っていました。しかし、実際は土木系防災担当の水防業務は雨が降ると予想される時から始まっています。例えばダム管理では、台風の進路予想によっては雨が降っていなくても管理事務所に待機し、そして大雨の予想になれば事前に放流準備をします。事前放流ともなれば、何時間もかけてダム湖の水位を下げていきます。これは人為的に下流の河川水位をあげていくことにもなるわけですから、流域に危険が及ばないよう、関係者への連絡、報道機関への情報提供、沿川住民や河川利用者への周知・広報活動などマニュアルに決められたものだけでもかなりたくさんの業務があります。雨が本格的に降り出す前にこの状況ですから、本降り時は言わずもがなです。

こんな災害対応業務の話を中心に私の県庁人生を振り返りたいと思います。

●目次

第一章　水防って何？

水防って何？　消防なら知ってるけど、水防は聞いたことがないという人は多いでしょう。

消防も水防も法律で決まっていることがあります。昭和二十三年に作られた「消防法」という法律では「火災を予防し、警戒し及び鎮圧し、国民の生命、身体及び財産を火災から保護するとともに、火災又は地震等の災害による被害を軽減するほか、災害等による傷病者の搬送を適切に行い、もって安寧秩序を保持し、社会公共の福祉の増進に資することを目的とする」ことが記載されています。一方、翌昭和二十四年に作られた「水防法」では「洪水、雨水出水、津波又は高潮に際し、水災を警戒し、防御し、及びこれによる被害を軽減し、もって公共の安全を保持することを目的とする」ことが記され、消防法での予防と搬送、水防法では災害を水災に限定していること以外は何となく同じようなことを言ってるのがわかります。現に各地区に組織されている消防団では、そのほとんどで水防団を兼ねて活動しているのです。

一．消防団の仕事と県の役割

四十半ばで私は地元の消防団に入ることとなりました。それから十数年。主な活動は毎月の地区巡回と年数回の消防訓練。また年末の特別警戒、年始の出初式など。そして地区内で火災が発生した場合は一目散に駆けつけて、消防隊の補助をします。

消防団は水防団も兼ねています。大雨警報が発表されると、待機したりパトロールをしたりという活動も必要になります。

「太田さん、警報出たんだけど出動できる?」

「あ、ごめん。県庁や」

消防団の班長と携帯電話でこんなやり取りをしながら、私は地区の水防活動に参加したことはほとんどありません。なぜなら県庁では大雨警報が発表されるときには、既に水防配備態勢が敷かれているからです。

現在はスマートフォンで様々な情報が得られます。しかし、私が県庁に就職した昭和六十年代からしばらくは世にまだ携帯電話は普及していませんでした。どうしていたかというと、公衆電話でした。雨が降り始めると公衆電話を見つけます。市外局番と一七七を回せば知りたい地域の天気予報が聞かれる仕組みです(令和六年度末でサービス終了予定)。技術の進歩で話をすると、ポケットベルというものができて、これを持たされた人は緊急時に電話番号が送られてきて、すぐに近くの公衆電話を探してその番号に電話をします。電話の先では「○○警戒体制発令! すぐに参集してください。」といった声が聞こえます。携帯電話が普及し始めたのは、私が県庁に入庁してから十数年経ってからでした。今では固定電話を使うことの方が少なくなりましたが、携帯電話から次世代移動体通信サービス(フォーマ、第三世代)、パーソナルコンピュータ並の機能を備えたスマートフォン(第四世代)、高速大容量移動通信(第五世代)と、技術の日進月歩にはついていけません。

さて、水防配備態勢が発令されたといって、県庁では何をしているのだろう。まさか県庁内で土のうを作っているわけでもないだろうし……。

県では水防計画書というものを毎年更新しながら策定しています。

和歌山県水防計画書の冒頭、「本県も例にもれず年間二千ミリメートル以上の降雨量のある地域が、県全体の三分の二以上を占めており、高潮と共に過去に何回となく洪水による災害を受けています。一方では、治水事業、海岸事業等の防災工事も着々と進められていますが、その完遂には莫大な費用と長い年月を要するものであります。このような状況のもとで、我々は財政上の負担が少なく、しかも効率の高い応急的対策により、洪水、津波、高潮による被害の軽減を図らねばなりません。ここに水防活動の重要性があります。」と、水防活動の意義を述べています。そして、計画書の内容ですが、「和歌山県内の水防上必要な監視・予報・警報・通信連絡・輸送及びダム・水閘門の操作、水防のための水防団並びに消防機関の活動、水防管理団体等相互の協力・応援及び水防に必要な器具・資材及び水防倉庫の整備」について書き込んでいるということで、「計画」というよりは「防災マニュアル」といった体です。現に水防活動は市町村や地元住民あるいはその関係者が主になって取り組むもので、「県は水防管理団体（市町村）が行う水防が十分行われるように確保すべき責任を有する」と決められています。つまり何をするか。雨量や水位などの情報の収集と発信、資機材の保管とその保管資機材をもって災害時の活動をサポートすることを指揮しています。

指揮？　口ばかり出して、結局何もしない、あれか！　などとは思わないでください。

和歌山県水防計画書には直轄河川（つまり国が直接管理している紀の川等の河川）の重要水防箇所として、河川の左岸と右岸を合わせて百六箇所、五十六キロメートルを指定しています。また、知事管理河川では県内全域で六百四十箇所四百九十三キロメートルの重要水防箇所を指定しています（数値は令和五年版より抜粋）。もちろん他にも雨が降って危険とされるところはたくさんあり、計画書にも記載されています。それらを全て、事前予防として対応することなんて不可能です。だからこそ、水防活動として現場で対応する人たちと、全体の情報を俯瞰しながら現場をサポートする人たちが必要になってきます。と、私は思っています。

水防計画書の内容で最も大事なことは、緊急時の組織・態勢と情報です。情報というと気象庁が発表する気象に関する予報・警報が重要な情報です。気象庁の観測網による情報を元に各気象台から大雨警報や洪水警報といった予警報が発表されます。一方、各地方自治体でも独自に雨量や水位などの観測をしていて、重要な情報源となります。そして何よりも、その情報（データ）をどのように分析し、そしてその分析結果を、５Ｗ１Ｈなんてよく言われますけど、いつ、だれに、どのように伝えるのかという、情報伝達が非常に重要になります。だから計画書には情報伝達のルートや様式なんかがこと細かく面倒くさいくらいに掲載されています。ちなみにテレビの天気予報では「五十ミリメートルの雨」といった表現がよく使われていますが、一瞬の降雨強度なのか、一時間に降った雨の量か、三時間で降ったものか……で全然状況が違ってきます。共通言語と言ったりしますが、伝える側と受ける側で同じ言葉を同じ意味で伝えられるようにしておかないと、大変なことになるのです。だからこそ、毎年のように改訂しながら、計画書を受け継いでいかなければならないのです。

水防計画書をめくっていると、水防活動という章がありました。その中に水防作業という節があって、水防工法や水防活動の心得なんて載っています。

水防活動の心得

その一　出動団員は、出動前よく家事を整理し、万一家人が待避する場合の要領を伝え、後顧の憂いをなくし、出動後は命令なくして部署を離れるなど勝手な行動をとらないこと。

その二　作業中は、終始敢闘精神を持ち、上司の命に従い団体行動をとること。

その三　作業中は、私語を慎み、言動に注意し、特に夜間は「水があふれる」、「堤防が決壊する」など想像による言葉を用いてはならない。

水防団員って、地区でお店を営んでいたり、会社員であったり、私のように一般の公務員であったり、特殊な訓練を積んでいるわけではない人達の集まりです。「なんだか煩わしいなあ」と思う所もあるかも知れません。だけど、いざという時、自分の身を守り、家族を守り、そのうえで地域を守るお手伝いをする、そんな最前線の心得になっています。

二．雨が降ったら大型土のう

平成十六年十月二十三日、新潟県中越地震が発生しました。阪神・淡路大震災（平成七年一月十七日発生）以来の震度七を観測し、新潟県山古志村（現長岡市山古志地域）を中心にたくさんの孤立集落が発生して、甚大な被害となりました。

発生から一か月ほど経って、私は現地調査に参加する機会を得ました。発生直後の大混乱を報道などで見ていたので、一か月経つとかなり回復しているかと思いきや、まだまだ被災地の様相がそのままでした。かろうじて車の通行は可能という程度でしょうか。

土木職である私の関心事はもっぱら公共土木施設の応急復旧の状況でした。

地震によって堤防にひびが入ったとすると、次の出水までにひび割れが広がらないように対処しなければいけません。道路の路肩が崩れたとすれば土を盛り上げ、斜面が崩落すれば、とりあえずは何とか補強しなければいけません。なぜならその前の道を通る人や車、隣接の住宅に被害が及ぶかも知れないからです。もちろん近寄らないようにすることも一つの対策案ではあります。時間との勝負、将来の復旧を見据えて、地域社会の活動を踏まえつつ、対策を考えなければいけません。

そんな中、新潟県中越地震で目に着いたのが大型土のう積みでした。通称「屯袋《トン》」。

よく被災地の家屋の入り口の前で見かける土のう袋は横五十×縦六十センチメートル程度のしっかりした麻やポリエチレン製の白い袋です。中に土を詰めて、いくつか積み上げて、水が浸入しないようにします。この程度の大きさだと土を満杯に詰めても人が素手で持ち運びできるし、土は庭先とかにあるので、地区の人たちで力を合わせて水害に立ち向かうのには有効です。もちろん県の水防倉庫にも保管していますし、水防計画書の中にも保管資機材の一つとして記載しています。水防工法としても土のうは大活躍します。堤防からの漏水による崩壊を防ぐための工法として、「月の輪工法」（堤防の民地側に漏水した水が噴き出しているときに、吹き出し口のまわりに土のうを積んで、その中に水をためることにより、河川水位との水位差を縮小することで水圧を弱めて漏水が拡大するのを防ぎます）などが有名です。因みに土のうを使ったもの以外にも水防工法ってたくさんあります。「木流し工法」（枝葉の多い木に重しをつけて堤防の法面につるすことで、水の流れをゆるやかにして堤防が崩れるのを防ぎます）や「五徳縫い工法」（堤防の民地側に亀裂が入った場合に、竹を亀裂のまわりに打ち付け、竹の弾力性を活かして亀裂の拡大を防ぎます）、そのほか様々な伝統的工法があります。現代社会において、江戸時代のような伝統工法？と思うかも知れませんが、薄っぺらな袋を常備しておくだけで、人手さえ確保できれば、目の前にある土と木を使って応急対応をするという極めて合理的な考え方です。だけど最近は智恵が膨らんで、保管する資機材としてもビニールシートや大型土のう、そして地域で仕事をしている重機をフル活用するなど、より効率的に、しかも安全に対策が進められるように工夫しています。

では、大型土のう、いわゆる「屯袋」とはホームセンターで売っている通常の土のう袋とは何が違って、どのように使うのでしょう。

水防工法の中にも大型土のう積工法というものがあります。堤防が洪水などで浸食されたとき、その部分を補強する工法です。大型土のうとは一辺約一メートルの立方体の形をした大きな袋で、その大きさが水の量で言うと約一トンの重さに相当するので、「屯袋」と呼びます。洪水時には大量の土を川に放り込んでも流されてしまうので、この袋に入れて被災した箇所に積んでいきます。当然人力では運べないので、重機が必要となります。クレーン車やクレーン機能付きバックホウなどです。因みにバックホウというのは一般にはショベルカーと呼ばれているものです。ショベルの爪が運転席側に向いていることが名前の由来らしいのですが、建設用語です。また、このショベルの付け根にフックをつけて物を吊り下げられるようにしたものがクレーン機能付きということです。こうした重機で大型土のう袋に土を詰め、それを吊り下げて堤防の裾に並べていくという工法が大型土のう積工法です。

堤防というのはもともと土でできています。だからその欠けたところは土で補うべきなのですが、洪水が押し寄せる中でいくら土を入れても流されてしまうのは誰しもが理解できます。そこで、大型土のうを使って土を一塊にして、流されることのないようにして補強するのがこの工法です。つまり、土の補強を土で行うのが基本だと考えていました。

新潟県中越地震ではこの大型土のうが大活躍でした。堤防の補強、道路の崩れた路肩の補強はもちろんですが、崩壊した斜面に貼り付けるように積み上げて斜面の保護や安定を図るように利用したり、崩壊した斜面や小さな谷から流れ出す土砂を受け止めるために待ち受けとして利用したり、といった工夫がされていました。構造上の強度が確保されているのかというと即答はできませんが、どこにでもある材料を使って応急対応し、とりあえずの安全を確保するという意味ではすごく理にかなった対応だと思いました。

水防活動というと人力で活動することが前提となっているので、土のうというと小さな袋の方を考えて、水防倉庫にも保管していました。新潟の地震をきっかけに、というわけではありませんが、今では大型土のう袋も保管し、いざという時にはすぐに使えるようになっています。一見、人手は少なくて済むし、大型化すれば効率的かと思いますが、地域に重機を持ち、重機を操るオペレーターと呼ばれる人が、しかもいざという時には「いつでも出動できます」という状態でスタンバイしていることが前提となっています。

大雨や河川の増水、あるいは地震によって土砂災害はいつどこで発生するか予測はできません（危ないところはハザードマップなどで確認できます）。だからこそ起こったときの対応が重要です。そこで土のうなど身近な材料でできる対策は非常に有効なのです。

三　情報の確度と出動の覚悟

冒頭、私の大先輩の話をしました。苦労して少しでも現実の情報を採ろうと努力していました。今から思うと、和歌山市に住んで、和歌山市の雨の降り方から紀伊半島の南の端の雨を推測するなんて馬鹿げていると思います（和歌山市は和歌山県の県庁所在地で、県の北西端、紀伊半島の付け根に位置します）。でも、毎日、新聞の天気予報から天気図を見て、それを頭に入れた上で目の前の雨を見れば、はるか遠く（県庁から紀伊半島南部の古座川町にある七川ダムまで直線距離でも八十キロメートル以上）の雨雲まで見える気がするのです。

雨量計の仕組みは簡単です。降った雨を円筒の容器に溜めて深さを測るだけですが、転倒桝型と言って、天秤状の秤に載った桝に決まった量の水が溜まると雨水を受ける桝が切り替わる仕組みのものはかなり正確に雨量の測定ができます。実は雨量計の歴史は結構古く、千四百年代に朝鮮王朝で開発されたというのですから、日本の室町時代です。

水防活動の基準として、雨量と河川水位は最も大切な情報です。私が県庁に入ったころはまだテレメータによる情報網は県内の特殊施設（ダムなど）の数箇所をつないだものしかなく、県内数十箇所からの情報は電話で集めていました。雨量観測施設は主に公共施設に設置されているので、待機する職員が数値を読み取り、定時に連絡が来ます。河川水位は主な橋の橋脚や堤防護岸に沿って水位を示すものさしが設置されているので、近くに住む方を監視員と称して業務委託し、こちらから電話連絡して、その都度、目前の水位標の数字を読み取っていただきました。すごく原始的な方法で情報を集めていました。情報収集の方法が人海戦術であったがために、初動が今以上に大変重要でした。

天気は西から変化するとよく言われます。夕焼けがきれいなとき明日の天気は晴れ、朝焼けがきれいだと天気は下り坂など、天気にまつわる言い伝えは多く残されていますが、今時の科学に照らしても納得できるものが多くあります。先ほどの朝焼けの場合は空気中の水分が高いと太陽の光が赤くなるから、また、夕焼けの場合は西から東に天気が移り変わるから、と簡単にいうとそういうことらしいです。日本の上空には強い西風が吹いています。ジェット気流です。南の温かい高気圧と北の冷たい高気圧の間に挟まれたところを強い渦を作りながら風が吹きます。強い渦は低気圧として、時には前線を伴いながら西から東に進んでいきます。低気圧や前線は天気が崩れる原因ともなっています。この大気の流れを掴んでいると、ざっくりとではありますが天気予報ができると思われます（実際そんなに単純でないことは最近のスーパーコンピュータを使って行う天気予報でさえ当たらないこともあることから明白）。

話を雨量と河川水位の観測に戻します。雨量計は建物の屋上など、周りの建物や木の影響を受けないところに設置されていて、観測は建物の中でデータが表示されるようになっていました。だから観測機器が壊れない限りは大丈夫です。

「風が強い時は横殴りの雨になって、実際に降る雨の量が観測された量よりはるかに多かったり少なかったりというようなことはないの?」こんな疑問を持つことはないでしょうか。風が強いと雨で服がびしょ濡れになるといった経験はだれでもあると思います。だけどそれはしっかりと傘がさせないためで、風の強さで雨の量が変わるわけではありません。観測装置の横に壁が立っていたり、木があったりして横から雫が入り込んだり、遮ったりしない限り、理論上は横風が吹いても雨量に違いはありません。

河川の水位は人が目視で観測しました。橋脚や護岸の表面に水位標が立ててあったり、ペイントされていたりして、その数字を読み取って県庁へ報告することになります。

水位観測する監視員の業務は危険も伴います。何しろ雨の中、増水する河川に近づいてもらうのですから。また、雨量とは違って水位の場合は観測誤差が大きくなります。水面は荒々しく波打って、どこを読み取ればいいのかわからないこともあるでしょう。何しろ目視なのですから。よくも悪くも、監視員の意図が数字に影響することもあります。何しろ増水する状況を目の当たりにすると恐怖を感じるし、雨が止むと水位が下がってくると勝手に思い込みます。早く危険な業務から解放されたいと思うのはだれしも同じですから。

時代が流れると観測方法も変わります。まず、水位は目視でなくてもいいようになりました。補助管をつけて水位を計る方法、水圧から水位を換算する方法、水面にレーザーを当てて水位を計る方法など様々な工夫がなされました。観測結果のデータについても、電話により伝達していたのが、有線によるデータ送信となり、今では無線となり、さらには衛星を利用したりしています。しかもバッテリー内蔵であったり、太陽光発電設備と蓄電池内蔵であったりと、定期的なメンテナンスさえ怠らなければ、災害時に「現地に行かなければ情報を取れない」といった状況は回避されています。地上の無線ネットワークもかなりのエリアをカバーできるようになりましたが、衛星を利用した通信であればどんな山奥の僻地でも空さえ開けているところであれば情報が送信されるようになりました。

電話で交信していた時には、発信者も受信者も電話のそばにいなければなりません。もちろん固定電話です。しかし、携帯電話の普及でそれも解消されています。

情報に関しては技術の進歩で良いことずくめのように感じますが、担当者にとっては決してそうではありません。情報過多です。

固定電話しか使われていなかったときは、相手が電話にでないことは織り込み済みです。次から次へと関係者に電話をかけまくり、（不幸にして？）電話をとってしまうと目まぐるしい業務が待っているという状況でした。それでも仕方がないと思いながら出勤するのでした。（当時の担当の方々、失礼しました。ほとんどの方はすぐに電話を取ってくれました。それが業務で自分の責任と心の準備はできていましたから、仕方がないなんて他人事のような考えは持ち合わせていません。）携帯電話になって、入浴中以外は常に手元に電話があって、そう「その時間は外出していたので、電話をとることができませんでした。すみません。」という言い訳はできなくなりました。それどころか、当番の日であるなしに関わらず、連絡が入るようになりました。連絡？　いや情報です。その情報をもって、自ら、状況と自身の行動の判断をしなければならなくなりました。上司の命ではなく、まるで天の声に突き動かされるようなものです。現に夜中に呼び出された明くる朝、出勤した上司に「昨夜は待機してくれたの？　ご苦労様。」と後付け命令となっていることは頻繁にあります。

スマートフォンになって情報過多は加速しました。私はプライベートでも天気予報をよく見るからかどうか、いろんなサイトから「間もなく雨が降り始めます」的なアナウンスが流れてきます。この情報が欲しいと思うか、煩わしいと思うか、あるいはないよりはましと思うか、それすら個人の判断になっています。言うなれば、あなたは課長であり、部長であり、時には知事ですよ、と発破をかけられているようなものです。

今どのような状況で、どのように変化しつつあり、自分たちには何ができて、社会が、地域がどのような方向に向かいつつあるから、今まさに何をすべきであって、あなたはどのように行動するか。これを目の前にある情報だけを見て、誰かに手を引いてもらうことはできずに第一歩を踏み出す覚悟がいるのです。「そんな責任を負わされても耐えられません」と、今時は言われそうですが、公務員としての責任感か、防災担当職員であるという義務感か、実態のない力に突き動かされているようでした。

少し大仰に書いてしまいましたが、雨が降れば、当番に当たっている職員は県庁に集まる、それが何の疑いも迷いもなく、職務のルーチンとなっていました。そんな時代、そんな社会の風潮、それが当たり前で、疑問などを持つようなことはありませんでした。でもよく考えると、災害とは何、今の情報は何がどうなって、それが災害のどのような状況を示すものなのか等々、災害と情報を結びつけた上で、「災害」のことをもっともっと知らなければいけないのだと思います。

四．時間八十ミリメートルの雨

よく「どしゃ降りの雨」と言いますが、どんな雨でしょう。気象庁のホームページに知識・解説というインデックスがあって、「雨の強さと降り方」が解説されています。一時間雨量が二十ミリメートル以上三十ミリメートル未満であると、気象予報用語では「強い雨」となりますが、人の受けるイメージでは「どしゃ降り」だそうです。三十以上で「激しい雨（バケツをひっくり返したように降る）」、五十以上で「非常に激しい雨（滝のように降る・ゴーゴーと降り続く）」、そして八十以上で「猛烈な雨（息苦しくなるような圧迫感がある・恐怖を感ずる）」となり、傘は全く役に立たなくなるそうです。気象庁の表ではここまでの記述しかありません。

平成二十一年十一月十一日明け方のことです。突然の猛烈な雨で警報が鳴り響き、叩き起こされました。前日から和歌山県南部の串本町に出張していた私は同僚とともに早朝から車を走らせました。ちなみに「明け方」や「早朝」という表現も、雨の強さの表現と同様に気象予報用語の中で時間帯が決められ、気象庁のホームページ、知識・解説の天気予報等で用いる用語の中、時に関する用語として取りまとめられています。午前零時から午前三時頃までが「未明」、午前三時から午前六時頃までが「明け方」、午前六時頃から午前九時頃までを「朝」と整理されています。「早朝」とは一般の人が活動を始める前、季節や地域にもよりますが「夜明け」からおよそ一から二時間を指すそうです。「夜明け」については日の出前二時間くらいと整理されています。また、「明け方」には備考として、「夜が明ける頃を指す用語であるが、予報用語としては上記の意味（午前三時頃から午前六時頃まで）で用いる」と付されています。おそらく、皆さんの感覚的なものと大きな違いはないでしょうが、とは言っても個人の生活習慣の違いから早朝といっても人それぞれでしょうから、共通認識として言葉の意味を整理しておく必要があります。

さて、気象庁の記録によると、この日の和歌山地方気象台の四時の時間雨量が百十九ミリメートル、さらに五時が六十一ミリ、六時が三十五ミリなので、この三時間で二百ミリを超える雨が降ったことになります。集中豪雨？　局地的大雨？　いや、まさにゲリラ豪雨です。

残念ながら（幸運にも）私は串本にいたために、この雨の状況を体感することは免れました。しかし、この時、水防態勢を指揮するために出勤しようと試みた当時の河川課長は、後日談として、腰まで水に浸かって歩いて出勤したと話していました。

さて、この三時間に二百ミリの雨とはいったいどんな事態を引き起こすのでしょうか。

単純に考えると、三時間のうちに二十センチメートル溜まることになります。これは運動場や車道の上など広い平らなところはもちろんですが、歩道の上、沿道の家の屋根の上にも平等に降ります。普通なら降った雨はすぐさま沿道の排水桝と排水管を通して河川や下水道へと流されていきます。しかし、排水桝が気持ち良く呑み込んでくれるのは、時間雨量でせいぜい二十から三十ミリメートルの雨水です。先ほどの予報用語でいうところの「どしゃ降り」の雨に対応しています。これ以上になると、まず道路に降った雨が流れていかないことになります。歩道に降った雨が流れてきても排水できません。少し時間をおいて屋根に降った雨が樋を通して流れてきます。いえ、樋に呑み込めずに溢れて、直接歩道や車道に流れ込んでくることでしょう。周りから雨水が集まらなくても二十センチですから、周りの雨水が集まれば、五十センチや一メートルの水が溜まることになるでしょう。河川課長の経験はその通りの事態であったのだろうと想像できます。しかもこの時は運悪く、最初の一時間で百ミリを超える雨が降ったために、先に桝が塞がれて、後の時間六十ミリや三十ミリの雨は全く排水されなかったでしょう。つまり積み重なるように水の塊が押し寄せたに違いありません。

水深三十センチなら「大人であれば膝下だから何とかなるか」とは思わないでいただきたい。例えば野外で行われる防災訓練などで、大きな水槽に設置されたドアを開け閉めするような体験コーナーに参加した経験はないでしょうか。水槽に三十センチメートルほどの水が張られていると、全くドアが開かないという経験ができると思います。それが、流れる水であるとより一層水圧が強くなり、そこに立つ人はとても立っていられなくなって、流されてしまいます。ほんの一刻、ほんの限られたエリアの出来事かも知れませんが、大変危険な状況になります。

時間八十ミリメートルの雨に話を戻します。またまた気象庁ホームページの各種データ・資料を見ますと、全国（アメダス）の一時間降水量五十ミリ以上、八十ミリ以上、百ミリ以上の年間発生回数というデータが掲載されていました。このような大雨などは極端現象と呼ぶそうですが、大雨の年間発生回数は「有意に増加」しているそうです。有意に、というと難しそうですが、だれが見てもわかるぐらいにはっきりと確実に増加しているということです。データでは一九七五年から整理されていて、アメダスが全国で千三百地点ある中で、一九七五年から八四年の十年間では年に七〜二十五回、平均すると十三回ぐらい発生しているのに対して、二〇一四年から二三年の十年間では十三〜三十五回、平均すると二十四回ぐらい、およそ一・八倍に増えています。百ミリ以上はというと、十年平均で二回ぐらいであったものが最近では十年平均で四回、しかも以前は百ミリの雨なんて、一九八二年に長崎県で降った雨が伝説になるほどに滅多に起こらないものと認識していました。実際、全く発生しない年もありましたが、二〇〇八年以降は日本のどこかで百ミリの雨が降っています。地球温暖化の影響があるかどうかは素人にはわかりませんが、イメージ的には熱帯雨林のスコールのようです。また、五十ミリ以上となると、かつては年間二百回ぐらいであったものが、最近では三百五十回ぐらい、数字の上では毎日のように日本のどこかで五十ミリ以上の雨が降っていることになります。

そうすると考えなければいけないのは防災対策です。

本節冒頭で、「どしゃ降りの雨」について話をしました。どしゃ降りというくらいですから普通に考えて大変な雨です。かつてはこの大変な雨に対応できるように、町の排水施設を考えていました。でも

「滝のように降る雨」が当たり前に起こるようになると、この雨に対応できる施設を考えていかなければなりません。といっても、社会は自然の変化に追いついていないのが現状です。しかも、滝のように降る雨が当たり前だとは言っても、全国同じように降るわけではありません。雨の多い地方もあれば、少ない地方もあります。雨の降りやすい地形もあれば、雨に弱い街並みもあります。そういった様々な条件を考えながら対応していかなければならないのですから、難しい。まずは一人ひとりが自分の住む地域のことを、雨がよく降るか降らないか、雨に強いのか弱いのかなど、地域の実情たる「弱点」をよく知る必要があるのかも知れません。

五．上へ、東へ　川の流れと自由研究

水は上から下へ、高いところから低いところへ流れるもの、というのは小学生でもわかる当たり前のことです。また、山は高く、海は低いのも当たり前です。

和歌山県に逆川《さかがわ》という川があります。その川が流れる地域に住む人々にとって、西の方に海があるのは当然の周知、川は山から海へ流れていくものだというのも常識、でも目の前の川は谷間の平坦な集落の中を西から東へ、海とは反対方向に流れていくので、逆川と名付けたそうです。察しの良い方は理解されていることでしょう。集落は平らではなく、西から東に緩やかに傾いているのです。人が思い込んだ印象というのは不思議なもので、川の水を下から上に流してしまうのです。

私は子供たちが小中学生のころ、夏休みになると必ず一緒に自由研究に取り組んでいました（その成果については愚書『親と子の自由研究』を参考にしてください）。

三人の息子たちと夏休みのたびに取り組んだ十五年間の物語。小学生低学年のころは、調査するのに手取り足取り、それをまとめるのがまた大変で、夏休みは自由研究にかかりっきりになりました。しかし、高学年になると、テーマは自分で考えてくるし、中学生ともなると、意見交換はするものの、親そっちのけで研究を進めるようになります。こうして取り組んだ成果となる作品の数は全二十四作となりました。その大トリ、家族にとって最後の自由研究となったのが「川の流れを探る」でした。

研究のきっかけは水害でした。平成二十四年六月に和歌山市内で大きな水害があり、親戚の家の近所でも床上浸水があったものですから、

「お父さん、今年は災害大変やな。川、氾濫したんかな。」

と、息子なりに親戚宅の状況を気にかけたこの言葉を受けて、川の流れと水害を絡めて調べようということになりました。

きっかけとなった水害はどんなものだったのでしょう。

災害発生は平成二十四年六月のことです。平成二十四年というと、その前年平成二十三年九月には紀伊半島大水害が発生しています。紀伊半島大水害では三重県、奈良県、和歌山県の三県にまたがる地域で被害が見られましたが、和歌山県では県南部で四日間の累計二千ミリメートルという大雨が降り、特に県中部から南部にかけて、死者・行方不明者が六十一名、全壊家屋二百四十棟、床上浸水二千六百九十八棟、四十地区の孤立集落が発生するという甚大な被害が発生しました。この災害で和歌山市では、三日間の累計降水量百十七ミリメートル（日最大降水量七十六ミリ、時間最大降水量十八ミリ）、床上浸水

が十九棟といった状況でした。確か紀伊半島大水害の時には和歌山市の被害はあまりなかったとの印象だけど、と思わないでいただきたい。南部の被害があまりに大きすぎただけで、和歌山市でも床上浸水などの被害が発生していることは先述のとおりです。

さて、その紀伊半島大水害の翌年に起こった災害です。

六月二十一日に和歌山市で日降水量が百二十ミリメートル（時間最大三十二ミリ）、翌二十二日に六十ミリ（時間最大四十七ミリ）という雨が降りました。この雨だけであれば、どしゃ降りとは言いながら一時的なできごとになっていたのかも知れませんが、この時の雨は数日前から梅雨前線による雨が降り続いていたために、低地がどっぷりと浸水するほどの大雨となりました。あれ？　紀伊半島大水害の時よりも大変な雨が降ったのかな？　県の防災担当者としては前年の被害が大きすぎたのでピンとこなかったのですが、和歌山市を拠点とする息子にとっては大変な雨だったのです（いえ、息子だけではなく実際に大変な大雨でした）。また、国土交通省が発刊している『平成24年水害統計』によりますと、この年の和歌山市の水害区域面積は十八ヘクタール、床上浸水が四十八棟となっています。市内では至る所で水田地帯とそこに隣接する住宅地が浸水の被害に遭いました。

この災害を受けて、和歌山市内では水田地帯の排水機能を高めるために、大規模な農地防災事業が実施されることとなりました。通常、低地の水田地帯はそれ自体には相当な貯水機能があります。しかし、その能力を超えて田んぼに水が流れ込んでしまうと、稲が倒れ、泥をかぶり、収穫ができない状況になってしまいます。そこで、ある程度の貯水機能は持たせつつも能力を超える雨水に対してはしっかり排水できるようにしようとするのが、この大規模事業の目的です。水田地帯にはもともと用水路が張り巡らされていますから、そうした既存の施設を活用しながら事業を進めていくことになるのでしょう。

また、溢れた水の排水先は川になりますので、そうした水量を見越した河川整備も必要になります。

さて、息子が取り組んだ自由研究ですが、それなりの成果を収めることができました。自由研究を進める過程でのエピソードは前述の著書に委ねるとして、ここに中学二年生が記した研究の目的と考察を再掲します。

表題：川の流れを探る

目的：川の水はなぜまっすぐ流れないのか、実際の川の流れの観察や、実験を通して調べていきます。

考察：水は高いところから低いところへまっすぐ流れるものだと思っていたのが、実は平面上を流れるときには曲がって流れるのが当たり前であるということがわかりました。川の流れも立体的に渦をまいているような流れがあるとの文献があり、実際に天気の良い穏やかな日にカヌーを漕いでみても、平坦に見える水面の幅や深さが複雑に変化していることを体験しました。自然では大きな岩などの障害物があるから川が曲がるのだと思っていました。堤防もまた障害物の一つのように思い込んでいました。現地調査をしてみて、大きな岩が川の流れを変えているところも見られましたが、何の障害物もなく蛇行しているようなところもありました。鏡の上では、水の粘性以外には障害物は考えられませんが、それでも大小様々な形の蛇行が見られました。この蛇行の原因は水の中の回転運動が影響していると考えました。

水は高いところから低いところへと流れるものであるとする固定観念。もちろんそのこと自体は正しいのですが、物事は必ずしも直線のみではないということを心の片隅で理解しなければなりません。息子が見つけた回転運動もしかりですが、循環や変態など、面的、立体的などとの言葉を越えて、三次元、四次元、さらには人の感覚、第六感までをも含めて、自然や社会の現象に目を向けていかなければいけないと、改めて気づかされました。科学的な根拠というものの、頭でっかちになりすぎず、柔軟な発想で「対策」を知ること、理解することが必要です。

第二章　私の経験した災害対応

組織が動くためには何らかのルールが必要です。公務員の場合、その最も基本となるルールが法律、そして、災害対応ということになれば、昭和三十六年に制定された災害対策基本法がそのルールということになります。同法の第一条には「国土並びに国民の生命、身体及び財産を災害から保護するため、防災に関し、基本理念を定め、国、地方公共団体及びその他の公共機関を通じて必要な体制を確立し、責任の所在を明確にするとともに、防災計画の作成、災害予防、災害応急対策、災害復旧及び防災に関する財政金融措置その他必要な災害対策の基本を定めることにより、総合的かつ計画的な防災行政の整備及び推進を図り、もつて社会の秩序の維持と公共の福祉の確保に資することを目的とする」とあります。この法律の制定以前は、昭和二十二年の災害救助法、二十三年の消防法、二十四年の水防法とその他の個別法が基準となって対応していました。いずれも戦後復興の最中、いくつかの震災、水害の経験を踏まえて制定された法律です。ところが、昭和三十四年の伊勢湾台風により、広域で大規模・甚大な被害を経験し、行政の体制と組織間の役割分担、事前の計画、緊急対応から復旧・復興までの一貫性等々を総合的に検討・準備することが必要であるとして制定されたのがこの災害対策基本法です。個々具体のメニューもさることながら、災害対策の目標を基本理念として掲げているところが重要だと思います。

一．次の一手は何する？

私の最初の勤務地は和歌山土木事務所というところで、管轄は和歌山市、海南市、海草郡となっていました。特に私の所属する和歌山工務第一課というのは、和歌山市内の道路建設事業を担当する部署で、一見災害とは関係ないようなところでした。しかしながら、大雨ともなると水防配備態勢が発令され、事務所一丸となって災害対応をするものですから、事務所待機はもちろんのこと、道路冠水との連絡があれば車にバリケードを積み込んで通行規制に向かうし、道路沿いの斜面で崩落があったと連絡があればショベルを持って土砂撤去に向かいます。県庁職員といっても、もちろん事務職員、技術職員は関係なく、災害対応は全ての職員に当然の業務で、なおかつ事務所が管理する公共土木施設の災害に関しては真っ先に対応しなければなりません。

二つ目の職場は本庁の河川課でダム担当となりました。ダム操作では台風が来襲すると予想されるときは事前の下流域への周知活動など準備に時間がかかり、また、台風が去ったあとには長時間の放水が続くため、一週間ぐらい家に帰れないこともありました。確かこのころだったと記憶していますが、今も鮮明に覚えている上司の一言があります。私が災害対応で次の打つべき一手を相談したとき、その上司から、

「マニュアルにはどう書いてあるの？」

と逆質問が来ました。マニュアルどおりに進められるのであれば相談はいらない、仮にマニュアルのどこかに書かれていたとして、災害対応というのは急流を下るゴムボートのようなもので、本の頁をめく

る余裕などないですよとの思いから、「だからあなたの判断がほしい」と心の中で叫んでいました。

打つべき次の一手は誰しもが悩みます。一瞬の迷いが大きく事態を悪化させることも少なくないでしょう。だから行動のトリガーを決めています。「○○が◇◇になったら△△をする」といった具合です。河川であれば洪水の状況を判断するために必要な水位が設定されています。私が若い頃は「通報水位」「警戒水位」が決められていました。様々な観測施設があってもその情報を収集するシステムが十分に普及しているわけではなく、まだまだ電話が主流でした。水防法ではある一定の水位を超えると今後の洪水対応に備えて水位監視員が河川管理者（つまり県庁河川課）に対し定時に水位を報告する義務がありました。通報水位、言葉のとおり、通報を開始する水位という意味です。県庁ではこの情報を集めるのに四苦八苦していました。何十箇所もある水位の情報を毎定時に電話で、時にはファックスを使って連絡を受けました。ちなみに昭和五十年代にはファックスは県庁中で河川課に一台あるのみで、それも水防活動専用の器材で、しかも今時の業務用レーザープリンターほどの大きなものでした。電話機と一体の家庭用ファックスが普及したのは平成に入ってからでした。

時には報告の時刻になっても連絡をくれないことがあります。そんな時こちらから連絡をいれなければなりません。監視員は雨の中の業務なので、足を滑らせて川に落ちていないかといったことも気になります。とにかく河川課内では電話を受けて数字を表に書き込むだけの単純作業なのに、課内の職員だけでは追いつかないということで、土木部の各課から応援を頼んで情報収集していました。そしてさらに水位が上がり、警戒水位を超えると、いよいよ水防団の水防作業が始まります。まさに洪水、浸水に「警戒」するための作業の開始を知らせる水位です。

平成時代に入り、多くの観測データを元に洪水予報ができるようになりました。洪水予報というのは、雨量予測から河川の流出解析を行い、今後の河川水位の変化から、洪水の発生をシミュレートし、その結果を周知することで災害対応や被害軽減に役立てようとするものです。これまでの雨量観測データ、水位データ、地形や地表の利用状況など詳細な資料を基に計算しなければいけないので、すべての河川について一斉にできるというものではなく、和歌山県ではまずは国が直轄で管理している一級河川の紀の川で適用されました。

雨量予測から流出解析をするには課題が二つあります。一つは観測した雨量がどのエリアの代表値であるかを決めることとその決めたエリアが流域全体を網羅していることです。雨が降って河川に集積して洪水を引き起こすのですから、雨がいつどれだけ降って、その雨がどこをどのように流れて、河川のどこにいつ流れ出すのかを知る必要があります。とは言うものの雨粒一つ一つを追いかけるわけはありません。雨の強さ、流域の地形、地表面や地下の状況等々をざっくりと平均して、平均値に相応の係数をかけて計算することになります。この計算式を決めるために、昔から多くの研究者が関わって研究されてきました。今でこそレーダー観測によって、どの地域の上空に雨雲がかかっているかなどと観測していますが、当時はまだ桝型の雨量計しかありませんから、その観測結果を流域全体に広げることの大変さを想像してみてください。

二つ目は河川の形態をしっかりと把握することです。河川に流れ込んで集まった水は河川の断面の中を流れ下ります。支川からも水は集まってきます。大量の水は塊のように襲いかかりますが固体の塊ではなく自由に形を変えることができます。河川の側壁（堤防や護岸など）の状況、障害物（橋梁、水門、堰など）、瀬や渕、土砂のたまったところの植生など、様々な影響を受けて水は流れます。水そのものも渦を巻いたり波打ったり。こうした複雑な状況ですから、今ここで水位が何メートルかというのは河川水位標を見ればわかりますが、一時間先に何メートルになるかというのを計算するのは非常に難しく、河川ごとの観測の積み重ねの上に、水位と水量の変換ができなければわかり得ないものなのです。

洪水予報をするにはリアルタイムに情報を収集することが必須です。電話で収集しているようでは追いつきません。観測装置と演算装置をネットワークでつないでいくというシステム化がどんどん進んでいきました。

システム化が進むと電話をかけなくても情報が入ります。時々刻々変化する様子が知りたい河川の知りたい場所で、知りたい時に知ることができます。洪水予報ができれば、さらに一時間先二時間先のことも想定できますので、「よし！　○○地区が危険だから、業者に連絡して重機を準備しよう」といったことも可能となります。今までは情報を集めることで精一杯であったのが、情報を使えるようになりました。

情報が瞬時に整理できると、情報発信も容易になります。「今、○○橋で水位が△△メートルを越えました」という情報がわかれば、その下流に住む人は「◇◇地区の堤防のところが低いから危ないぞ」という分析を行い、住民や消防団それぞれの人達が自ら判断して活動を始めることもできるようになります。洪水予報ができなくても、せめて水位の情報だけでも一般の方々に知らせようと、水位周知河川を決めて情報を発信することになりました。

こうして一般の方々に知らせるということになると、通報水位や警戒水位と言っても意味が伝わらないとなり、呼び方も「水防団待機水位」「氾濫注意水位」と変更しました。合わせて「避難判断水位」「氾濫危険水位」という水位を新たに設定し、住民の危険回避行動につなげようとなりました。今では「氾濫発生」という設定も含め、水位危険度レベルとして、わかりやすく避難行動につながる情報発信に努めているということでしょう。現在は気象庁のホームページでキキクルという情報発信ツールがあります。もともと洪水予報は河川管理者と地方気象台が共同で情報発信しているものですが、このキキクルも一般向け情報発信として、現場経験と研究成果の集大成の延長線上にあるのでしょう。

でも待てよ？　昔は通報水位（今の水防団待機水位）を越えると河川課内は（今思えば電話を受けるだけなのだけれど）大騒ぎで業務に当たっていました。この波動を受けて、現場でも次々と（担当者にとっては半ばわけもわからず）現場対応に追われていました。もちろん楽しいわけもなく、無性に不安でドクンドクンしていました。だけど近頃は妙に人任せというか住民任せというか、ある意味冷静なのです。備えができているからかも知れません。それならいいです。でも次の一手、突然匙を投げつけられたら、答えが見つかるのだろうか、答えを探そうと足掻くことができるのだろうか、なぜか不安を感じてしまいます。

二．阪神・淡路大震災

一九九五年一月十七日朝、私たち親子三人（夫婦と長男）はまだ川の字で布団の中でした。突然の地震で目が覚めて、「やばい！」布団ごと妻と子の上に覆いかぶさりました。この時和歌山市の震度は四、もちろん神戸では震度七なので、それと比べれば、とも思いますが、私にとっては人生最大の震度を経験したわけで、二とか三の比ではなく、木造土壁の私の住まいは柱と壁の隙間から光線が差し込むようになってしまいました。古い家屋なので、その時の振動が原因かどうかは定かではありませんが、その時に感じた震度四は普通の木造家屋をつぶしてしまうほどの大きな震度に思えたのです。

薄っすらとした記憶では、確かその日は火曜日で、午前中、私は妻と一緒に、怪我した息子の治療（地震とは無関係）のために、病院にいました。待合室で放映されていた字幕のニュースで、被害者数や被害家屋数が時を置かず倍々に増えていったことを覚えています。その週末、当時港湾事務所勤務であった私は上司に連れられて、神戸へと向かいました。当時、陸路ではまだ電車の運行が再開できず、支援を目的に集まったボランティアの方々はずいぶん手前の駅で下車して、歩いて神戸に向かっている状況でした。私たちはというと、運輸省（現国交省）第三港湾建設局和歌山工事事務所の船に便乗して、直接海路で向かいましたが、神戸の岸壁はもちろん、連絡時間の合間を使って市内の調査に出ると、道路も建物も元の姿がわからないほどの状況でした。私はその時の衝撃と復興への願いを込めて、土木技術者の端くれとして土木学会誌に散文を投稿しました。すると、どういった経緯かはわかりませんが、採用されました。

若気の至りで勢い余って投稿した感がありますが、会費分、投稿の権利ぐらいはあるだろうという感覚でした。「土木技術者として」という偉そうな表題をつけたような気がします。趣旨としては、コンクリート製の橋脚がぐしゃっとつぶれて折れ曲がっている様子を見て、「今回被災したから耐震の設計震度を倍にしておこう」的な発想ではなく、被災原因と振動に対する応答など技術的検討を踏まえて対策を立てていくべきであるといったものであったと思います。

でも現実は難しいことも理解できます。既往最大という言い方をします。今まで経験した中で最も大きい値という意味です。「あの大きな災害が起こっても耐えられるような設計ならもう絶対に安全だ」

という安全神話が出来上がります。しかしよく考えると、自然の歴史は何万年何億年のレベル、一方、人類が経験したのはせいぜい千年二千年のレベル、ましてや正確な観測記録が保管されているとなると数十年から数百年のレベルですから、私たちの経験の中で最大といっても大した値ではないのです。

それでも技術者は観測済みの数値から統計処理をしてもっともらしく設計値を決めます。百年確率で設計しましたとか、二百年確率で設計しましたとか。だけど百年確率と聞いて一般の人は「私が生きている間は大丈夫だ」と思い込んでしまいます。そう、百年に一回というのは百年後に起こるかもしれないけれど、それは明日かもしれないのです。

阪神・淡路大震災をきっかけに耐震対策は大きく変わりました。先ほどの耐震の設計震度も当然変わりましたが、そもそも起こり得る地震を具体的に想定するようになりました。そう、日本中どこにいても阪神・淡路大震災のような直下型地震は起こると言われています。それでも発生原因は活断層だということで、理学的にどこに活断層があるかを調べ、地球物理学的にどのような破壊現象があるのかを研究し、地盤工学的に震動がどのように伝わるかを調べ、構造工学的に構造物の応答を考え、材料工学的にどこまで耐え得るかを検討する、そんな地道な作業を繰り返しています。それでも異常な自然現象が発生し、被害が起こります。

では被害が起こったときにどう対応すべきなのか、起こっても致命的な被害を免れるにはどうすればよいのか、せめて二次被害を防ごうよ、とこんな趣旨で防災・減災学がクローズアップされるようになり、社会学、心理学、経済学、理学、工学等々、様々なアプローチで、しかもそれぞれの知見を持ち寄って、協働で検討されるようになったのも、この大震災が転機と言ってよいのではないでしょうか。ボランティア元年とも言われ、被災者がお互いに助け合うだけではなく、被災地外から多くの支援者が集まりました。もちろん現地へ行けなくても支援できることがたくさんあることを知りました。例えば私たち夫婦はこの大震災後、献血ルームに通うことにしました。さらに地域社会を早期に回復するために、個人資産に公的資金を導入することの是非が検討されたのもこの地震がきっかけだったと記憶しています。

自治体間で応援派遣が活発になったのもこの地震がきっかけでした。阪神・淡路大震災以前は一般職員には応援という概念すらありませんでした。もちろん制度上は被災地県の知事が要請すれば最終的に国が補助する形で応援する仕組みはありました。しかし、一般には「この忙しい時に、なぜ職員を割いて遠方の地に応援に行かなければいけないのか」「出張命令は出せるのか」「旅費はどうするの」といった疑問が管理職の間でストレートに議論されていました。冗談のような話ですが、どこかの部署の主催で講演会を開催します、「参加者が少ないので、各所属から○○人の参加をお願いします」と言われれば、職員の旅費交通費を惜しげもなく支払うのに、被災地応援となるとそれは業務なのかどうなのかと議論されます、「惜しげもなく」というのは言葉の綾ですが。国の各省庁が旗振り役になって応援組織を組むこともあります。地方自治体にとっては資金力のある国が先頭を走ってくれるのであればついていこうという考えもあります。でもよく考えれば、国には地方自治体職員に対する指揮権はありません。じゃあ被災地の現地調査、現地研修でいいじゃないか、まずは人を派遣しようよ、一部の職員のこんな会話を受け入れて応援派遣は始まりました。今でこそ当たり前の業務と捉えられていますが、当時はそんな感じでした。でも、当たり前とはいうものの土地勘がありません、危険度は増します、生活環境が一変します、など日頃から訓練しているわけではない人たちを送り出すのですから、十分な配慮や手当が必要であることは言うまでもありません。

ともあれ、神戸の港がつぶれ、三宮のビルが倒れ、長田の商店街が焼け、芦屋の住宅が崩れるという状況を目の当たりにして、漸く社会全体が防災に向け動き出したといったことなのかも知れません。

三．東南海・南海地震特措法

事が起こった時の対応でさえ、法に決められたとおりの業務でなければ動けません。ましてや（確実に起こると言われている地震ですが）将来起こるかどうかわからない地震に準備しましょうと言っても地方自治体では「何言ってるの」という感じです。ところが地震対策の関連法はその「何言ってるの」を法律にしてしまって地方自治体では対策を求められることになりました。勘違いされないように言っておきますが、事前準備は重要な対策です。でも災害はいつどこで起こるかわかりません。カネとヒトとモノが無尽蔵にあるのであれば対策すれば良いけれど、目の前に被災した人が怪我をして生活に困っているのであればステーキの写真を集めるより、パンを配ろうと発想するのは無理ないことです。東南海・南海地震特措法の担当になった時、個人的には地球物理学の延長線上にあり、本当に興味がありましたが、みんなの役にたつのだろうかと不安を感じながら取り組んだのも事実です。

法律は国会で審議され作られます。法律ができました、法律の施行を受けて地方で取り組みを進めなければなりません、時には条例を制定しなければなりません、とは言っても、地方自治体に突然人が増えるわけではなく、何から取り組んで良いものかわかりません。そんな時、よくある話として、国の関係省庁が業務手順や条例の雛形を作って地方自治体に提示してくれたりします。国が全国一律で同レベルの対応を求めるのであれば当然ですが、地方自治体の職員としては大変助かります。

「東南海・南海地震に係る地震防災対策の推進に関する特別措置法」（平成二十五年に東南海・南海地震を南海トラフ地震に改称）、正式にはこんな長い名前の法律は平成十四年にできました。私が防災の担当として県土整備総務課防災班に配属されたのは平成十五年なので、既に法律はできていたのですが、いわゆる雛形がない状況だったのだと思います。ともあれ私の業務は東南海・南海地震の発生を前提に「公共土木施設の地震・津波対策を検討せよ！」というものでしたが、予算もなければ人もなし（建築職の班長と土木職の私と、臨時雇用の事務職員一人という三人体制）、かろうじて部内関係各課（技術、道路、河川、都市、港湾）の課長補佐級の職員を集めて、県土整備部長直属のご意見番が集まる検討体制ができているという状況でした。

そもそも地震・津波対策というのはどのように変遷してきたのでしょうか。

一九六〇年代から七〇年代、私がプレートテクトニクス理論に興味を持ち始めたころ、地上の自然現象はすべてこの理論で説明できるのではないかと錯覚するほどに流行っていました。地球が動く、硬い岩石がゆっくりと流れるというのはそのことだけでもドキドキしました。その理論の延長線上で、東海地方が南海トラフに起因する海溝型地震の空白域だと言われ、間もなく巨大地震「東海地震」が起こる、と。これは大変、なぜなら東海道は新幹線や東名高速道路などの幹線軸が通り、人口が集中し、太平洋ベルト地帯に代表される産業の集積、日本の大動脈がそこを通っているからです。小松左京の『日本沈没』が映画化され大ヒットしたのもこのころでした。これは大変、と思いきや、マスメディアに踊らされることなかれ、我々にはこの自然災害に対抗する科学力、技術力があると言わんばかりに制定されたのが「大規模地震対策特別措置法」です。これは東海地震に特化した法律で、十分な観測網と理論に裏打ちされた予測によって東海地震は予知できる、という前提で観測網の拡充と予知判定体制の確立、そして予知されたとき、いかに社会活動を制御し安全を確保し、震災後の復旧につなげるかを提示しました。このとき、私も含め世間一般では「地震もゆくゆくは台風のように発生予報が出されるのか」と期待していました。だけどそうした考えをひっくり返したのが兵庫県南部地震（災害名：阪神・淡路大震災）でした。この時の震度は気象庁が設定した震度階で最大の震度七、しかもこの震度七が発表されたのは、震度階を十段階（震度〇、一～四、五弱・強、六弱・強、七の十段階）にして以降、阪神・淡路大震災が初めてのことでした。内陸型地震は地表面の岩盤内の活断層が動くことで起こる、活断層は全国どこにでもある、プレートが動くことによる歪は日本全体で受けている、だからどの活断層が動いてもおかしくなく、その破壊エネルギーの大きさたるや、もちろんどこでいつエネルギーが解放されるかも含めて予測することは不可能に近い、と思い知らされたのです。

慌てた国は（と勝手に想像していますが）、内陸型地震への対応策を考えなければなりません。兵庫県南部地震の発生確率を後付けで算定してみると数パーセントだそうです。「巨大地震というのはこんなに確率が低くても起こるんだ」とこれまで普通に使っていた確率論にも疑問符がつけられてしまいました。そうするとそもそも発生確率の高いとされる東海地震とそれに右へ倣えの海溝型地震についても見直しが必要となります。そうした事情の中で東南海・南海地震特措法が生まれました。遠い将来のことを考えているようでありながら、すぐ目先の事として取り組まなければいけなかったのです。

取り組みの方向性としては四つ考えられます。

一つはソフトとハードの問題です。私たち土木系の人はモノづくりに力が入ります。丈夫な橋を作れば地震で壊れることもなければ津波で流されることもない。災害が発生してもそこに使える施設がありさえすればあとは何とでもなるでしょう、というやや傲慢な考え方もあります。でもそれが阪神・淡路大震災でバブルのごとく崩れ落ちたわけですから、その対策が必要となります。もちろんハード対策として施設そのものの強度を上げる対策もあるわけですが、全国の施設、ありとあらゆる施設を一度に改修できるわけがありませんし、時間の経過とともに劣化することも考えれば、強度の向上だけに頼っていられないことは一目瞭然、そこでソフト対策が重要になります。県庁でいうとハード対策に取り組むのが土木部局、ソフト対策に取り組むのが防災（危機管理）部局。それまではお互い災害発生時の情報共有ぐらいしか接点がないと思っていたのですが、具体的に智恵を出し合って連携することが求められました。

二つ目は住民参加の問題です。それまでは災害が起これば行政が手厚くサポートしてくれるかのごとくの妄想がありました。いわゆる公助です。しかし、市役所だって被災して使えなくなり、職員だって現場の被災者になるんだということを目の当たりにしたわけです。とするとお互いできることをしながら助け合って対応しましょう、となります。共助です。さらに、究極は自分の身は自分で守れ、となります。自助です。言葉ではあっさり言ってしまいますが、「じゃあ私は一体何をしたらいいの？」「年だから体が思うように動かんし」「面倒だからもういいよ」という声が聞こえてきそうです。

昔の行政なら「だれもが参加できる受け皿をつくりました」で済んだのかも知れません。しかし、施策の主体を「自助」つまり住民一人ひとりに置いた以上、受け皿を作るだけではなく、その皿に誰が何を盛り付けるかまで考えないといけなくなりました。折しも平成十五年個人情報保護法（個人情報の保護に関する法律）が施行されたときです。どこまでできるのか、これに手を出して大丈夫か、試行錯誤が始まりました。

三つ目が地域防災力の問題です。当時の公務員の常識では「地域防災力の向上」と言えばソフト対策の話であって、土木のテリトリーではないとの認識でした。しかし、地震・津波対策を体系化し、事前、発生時、応急、復旧と段階を踏んだ時、作りっぱなしの技術力では限界を感じるのです。何年もかけて地震に強い橋を作り、津波に強い堤防をつなぐという地道なハード整備を進める傍ら、いつ起こるとも知れない災害が起こったら、どこに目を向け、どんな対応をするのかを考えて、組織や個人の能力をあげていかなければいけないと感じたのです。それはひょっとすると、長い年月をかけて巨大構造物を築くよりもっと地道で、一見効果が見えないけれど、何かすればした分だけ、いやほんの少しかもしれないけれど、人の意識は向上するものです。

四つ目が戦略計画です。これまでの土木行政では、目の前の現場にするべき事業があって、それを積み上げていくと予算と照らして十年分の仕事がありますというのが長期計画でした。しかし、発想の転換を求められました。個人的には戦略という言葉は嫌いです。でも他に適当な言葉もないので、使います。先に目標を示すのだそうです、十年後にどんな社会を作りたいかと。その目標に向けた取り組むべき課題があって、その課題解決のための手段と事業がぶら下がる、当然その下に予算が重くぶら下がるという感じでしょうか。

和歌山県では平成十六年三月に「和歌山県地震防災対策アクションプログラム」を策定しました。その中で三つの目標、①大地震に着実に備える、②災害発生時に迅速・適切な対策を実施する、③復興を進め、安全で安定した生活を構築する、を掲げ施策の体系化を図りました。この目標設定は地震発生前後を事前、応急、復旧の三段階にとらえ、各段階の目標設定を行ったものです。これを受けて、県土整備部ではさらに四つの視点、①避難計画に密接に関連した地域ごとのきめ細やかな対策、②まちの防災力を向上させる対策、③重点的に実施するハード対策、④応急体制確立のための対策、で施策を組み立てました。従来のハード整備は長期的な施策としては大変重要だけれど、三十年後かもしれないけれど明日かも知れないという地震発生に対してはハード整備だけでは被害軽減はできないということで、平成十三年から始まった地域ごとの避難計画づくりに積極的に関与していくことで、ソフト施策を効果的に機能させるためのハード施策を考えていこうということになりました。また、応急体制の確立においても、単に情報機器を整備するだけではなく、地域の人材育成という視点を加えて、ソフトとハードの連携を図るという視点で取り組みが進められました。

このような戦略計画を地域ごとに実践する取り組みとして、本州最南端の町、串本町で総合的津波対策に取り組みました。町レベルで津波対策の戦略的な計画づくりに取り組んだことはもちろん、全国的にも当時はまだまだ普及が進んでいなかったＰＤＣＡ（プラン・ドゥ・チェック・アクション）というマネジメントサイクルを取り入れたことはかなり先進的で、平成十八年の地域安全学会で取り上げられ、発表しました。その論文[5]（文献に振った番号は巻末の参考文献に対応、204頁を参照して下さい）のまとめとして以下のとおり記述されています。

マネジメントシステム構築のポイントとして、

① 目的の明確化
② 推進のための組織及び人材の確保
③ 既存システムの活用
④ 文書化と標準化

⑤　チェック体制の確立

の五点が挙げられる。（中略）　今回、串本町津波防災対策基本計画として取りまとめ、広く町民に公表するに至った。このことはマネジメントシステムとしての文書化の枠組みを作り上げたものと考えている。今後、防災における様々な局面に対して、行政がサポートすべき業務のマニュアル化、特に避難台帳づくりでは、その利用局面が多岐にわたることから、台帳整備の功罪も含めた更なる検討が必要である。（中略）　また、チェック体制については、どういった項目を誰がどのようにチェックしていくのか、住民と行政の役割分担も含めて検討しておく必要がある。

この論文は、土木行政が住民作成の避難計画や要援護者の支援対策にどのように関わっていくかという課題に踏み込んだ最初の一歩だと考えています。二十年前の取り組みではありますが、今に通ずる基本となりますので、敢えて当時のまま掲載しました。今では計画づくりそのものが世界標準化されています〈ISO22301：事業継続マネジメントシステムに関する国際規格〈さまざまな脅威から事業を守り早期の復旧と再開を実現するためのマネジメントシステム規格〉など〉ので、そちらと合わせて見ていただくと理解が深まると思います。

四．紀伊半島大水害

平成十六年から十八年にかけて、私は兵庫県にある「人と防災未来センター」のプロジェクトに参加する機会を得ました。プロジェクトでは若手研究者と地方自治体の職員がいくつかのチームを組んで、ともに学び、ともに研究し、意見交換していく中で、近い将来発生すると言われる東海・東南海・南海地震の対策を考えようと取り組んでいました。私は「中山間地・中小都市の再生を視野に入れた防災のあり方の提案」という課題を検討するチームに参加しました。その中で検討の対象となったのが、紀伊半島の中山間地に点在する集落の孤立の問題でした。当時、最も危惧される災害と言えば海溝型地震、和歌山県で地震と言えば南海地震、南海地震と言えば「津波」が最重要テーマでした。プロジェクトの中でも「総合的な津波避難対策の提案」を課題として取り組んだチームもありました（河田惠昭、林春男監修、大大特成果普及事業チーム33編著『巨大地震災害へのカウントダウン』参照）。

ある時、私の率いるグループが講演会を企画することになって、私はそのテーマに「孤立集落への対策」を選びました。ある上司からは「災害と言えばまず津波対策でしょ。田舎へ行けば米や野菜があるから何日か孤立しても何とかやっていけるんだよ」と言って、私たちの取り組みについて軽く扱われたこともありました。文句を言うわけではありませんが、私自身その時すでに津波対策の体系を取りまとめ、できることから始めていたのですが、それとは関係なく、地方自治体の全般では「まずは津波対策」のように思われていました。しかし、そうした風潮を嘲笑うかの如く発生したのが紀伊半島大水害でした。

孤立というとよく思い起こされるのが、洪水で中州に取り残されたキャンパーたちを救出する光景です。消防のレスキュー隊やヘリコプターが活躍する映像は一般市民にとって心強い限りですし、困ったときには消防隊が何とかしてくれると心の片隅で安心しているのです。ところが「数十の集落が孤立したらしい」となると、しかもそれが県内全域に広がっているとなれば、精鋭の部隊と機材を一極集中することなどできません。やはり地道にアクセス道路を啓開（198頁参照）していくほかありません。それが紀伊半島大水害で起こったのです。「言わんこっちゃない」と思わぬでもないですが、ありとあらゆる事態の発生に県庁内は大わらわといった状態でした。もちろん一発の講演会が役に立ったかというとそんなことはないでしょう。でも、常に意識を広く持つことは大事なことです。

まず、紀伊半島大水害における気象状況と和歌山県の被害の概要を整理します。

平成二十三年八月二十五日、太平洋上に発生した台風十二号は九月三日十時に高知県東部に上陸し、そのまま北上して、岡山県を通過し、日本海へ抜けるという経路をとりました。和歌山県での降雨の状況は、三日未明までに一つ目の山があり、三日の昼間に時間三十ミリを超える二つ目の山、さらに三つ目の山が三日の夜遅くから四日未明にかけて多いところで時間五十ミリを超える大雨となりました。二日から四日にかけてのアメダス観測所での七十二時間雨量は、古座川町西川での千百十二ミリをはじめ、県内十八箇所のアメダス観測所のうち十四箇所で観測史上最高値となり、また、県の設置した田辺市大杉観測局では一日から四日にかけての連続雨量が約二千ミリに届くほどになるなど、記録的な雨となりました。

この雨により、和歌山県では県内全域で被害が発生しましたが、特に県中部から南部にかけて甚大な被害となりました。和歌山県内の被害状況は以下のとおりです。

被害状況（和歌山県：平成二十四年四月確定値）

死者　五十六人

行方不明者　五人

負傷者　八人
住家被害
　全壊　二四〇棟
　半壊　一、七五三棟
　一部損壊　八五棟
　床上浸水　二、六九八棟
　床下浸水　三、一四六棟
被害総額　八六、八三六百万円
土木施設被害額　四六、九三〇百万円
　うち道路被害　一八、五六〇百万円（六五九箇所）
　うち橋梁被害　二、五二九百万円（三八箇所）

大水害の翌年度に発刊された『平成23年紀伊半島大水害記録誌』（和歌山県）によると、河川の氾濫や土砂崩れなどにより、県内各地で道路が寸断され、四市町で最大四十地区の孤立集落が発生したとあります。孤立集落は九月四日に日高川町で十四地区確認され、五日には解消されました。田辺市では四日に四地区が確認され六日に解消、また六日に二地区が確認され、うち一地区は八日に解消されたものの、一地区は九日以降まで残っています。新宮市では四日に九地区、五日に六地区、六日に一地区が確認され、六日に十二地区、八日に二地区が解消されたものの、二地区は九日以降まで残っています。さらに那智勝浦町では四日に確認された四地区のうち、三地区は六日に解消し、一地区は九日以降まで残っています。総数としては四市町四十地区で二千五百六十三世帯五千四百二十七人が孤立したと記録されています。そのうち、孤立解消が九日以降となったのが四地区（八十六世帯、百六十三人）で、対象人数では孤立を把握した全体数のおよそ三パーセント程度であることがわかります。また、八日までに孤立解消した地区の平均孤立日数が一・九日であるのに対して九日以降となった四地区については孤立解消までにかかった日数の平均が十八・三日と、孤立解消に向けた復旧作業が二極化していることがわかります。

県内の被害は、死者五十六名、行方不明者五名、住家の全壊二百四十棟、床上浸水二千六百九十八棟など、被害総額が八百六十八億円、そのうち公共土木施設被害額が四百六十九億円（以上、平成二十四年四月六日確定値）といった状況です。被害八百億円といってもピンとこないかも知れませんが、和歌山県の年間予算が約六千億円、そのうち公共土木施設を整備するための土木費という予算が約七～八百億円なので、私の所属する県土整備部は年間事業費に匹敵する被害を受け、それを二、三年のうちに復旧しなければならないという状況でした。

私は県の災害対応と道路の応急復旧の過程について整理し、その対応課題をまとめ、「二〇一一年紀伊半島大水害における道路応急復旧のプロセスと対応課題」と題して論文を発表しました[6]。その中で三つの課題を整理しています。

一つ目は「孤立集落の把握と対応」です。集落が孤立しているかどうかの判断は、一つには道路が通行できない状態になり、他に迂回路がない場合です。県では通行規制箇所ごとに「自動車によるアクセス不能集落」を孤立集落とみなしていました。「アクセス不能集落有り」とされた場合は次の段階として集落数と集落人口の把握が必要となりますが、紀伊半島大水害では、集落が孤立したことへの対応より孤立の原因となる通行規制への対応が優先され、通行規制から孤立集落への対応という連携がとれていなかったように考えられます。

二つ目は「孤立集落把握の困難性」です。孤立集落の把握には単に道路が通行止めであったというだけではなく、通行止めであった期間の長さや時間帯の問題に大きく左右されます。また、被災したことにより生活形態（医、職、習）に影響し、住人が孤立したと認識するかどうか、あるいは実際に孤立したことへの対応（ヘリコプター等による救助・救援等）がなされたかどうかにもよると想定されるでしょうから、孤立集落解消に対する被災道路の復旧の影響を考察するにはさらなる検討が必要であると考えます。

三つ目は「内陸部ネットワーク復旧の課題」です。災害発生前、X軸ネットワーク（和歌山県の幹線道路整備施策のネーミング）は全路線において道路改良済みでした。また、海岸幹線ルート（国道四十二号等）の被災の程度が一部（那智勝浦町内等）を除いて比較的小さかったことから、内陸部の被災に対する救援ルートとしてX軸ネットワークの復旧を優先させるという判断は当然でした。しかし、その判断を支えるには現地の情報が必要となります。有効な情報を発信するには内陸部ということで県振興局と市町の連携が欠かせません。東日本大震災の状況を踏まえれば、地方組織が十分な機能を果たせない場合の対応をどのように組み立てるかという課題が残ります。

また、和歌山県災害対策本部の対応方針として、道路応急復旧プロセスについて国や市町村の関係部局との連携の中でどのように進められたかを明らかにしました。広域災害では県内全域で幅広く取り組んでいくこととなる中で、被害の状況と救援ルートを考えたとき、どの被災箇所をどのレベルで応急復旧するかの判断が求められます。紀伊半島大水害はそうした判断の過程を検討した事例の中で、復旧の目標（県南東部への救援ルートの確保）と対象箇所の優先度の検討（X軸ネットワークの応急復旧）がわかりやすく整理された一例として他の取り組みの参考になるものと考えています。

とにもかくにも「紀伊半島大水害からの復興」を目標に、「年度内に復旧の目途を立てよ」との知事の号令の下で災害復旧が進んでいきました。

紀伊半島大水害で私たちは様々な経験をしました。といって私自身は何を経験したのだろうかと考えてしまいます。被災？　避難？　現場？　電話対応？　復興計画？　指揮？　随行？　運転手？　結局何も経験していない気がします。被災地を見たときのわずかな恐怖心（被災者が味わったそれとは比べ物にならないと理解はしています）は今も覚えています。敢えて「わずかな」としましたが、最も被害の大きかったと思われる箇所は素早く通り過ぎたために私の被災地調査アルバムには残っていません。いつ二次被害に襲われるかと思うと、いえ、頭が真っ白で、ただ怖かったです。目の前を事実だけが流れている、映画を見ているように時間だけが流れていくようです。なのに、そうして経験した気になってしまいます。

五．東日本大震災のその後

紀伊半島大水害の約半年前の三月十一日、東日本大震災が発生しました。確か金曜日でした。十四時四十六分。十階建ての和歌山県庁南館の九階にある職場で仕事をしていた私たちでも大地震だとわかるほど、建物がゆっさゆっさと揺れました。だからといって他人事でした、震源が東北沖なら和歌山では直接被害はないだろうと。しかし、すぐに否定されました。津波警報です。実はこの日、退職予定職員の送別会を計画していました。注意報ならやりきっていいか、と考えていました。しかし、結果、津波警報で中止、準備していただいていたスタッフやホテルにもご迷惑をおかけしましたが、自然相手なので仕方がありません。定年間近とは言っても県土整備部の幹部の方々です。当然災害が起こるかも知れないという状況では現場で指揮をとらなければいけない方々なのです。

紀伊半島沖で起こるかもしれないと言われていた海溝型大地震が東北沖で発生したのですから、近い将来への備えという意味では、私たち和歌山県民にとっても他人事ではありません。東北への支援体制を整えることとしかり、紀伊半島大水害があってからは並行して、「明日は我が身」で業務にあたりました。

東日本大震災というのは災害名です。気象庁による、この自然現象の正式名称は平成二十三年東北地方太平洋沖地震と命名されています。気象庁が名前を付けるときには発生年、場所、原因となる自然現象の順で表します。それに加えて災害名が付けられるのは被害が甚大であったことの現れです。したがって災害発生後の対策も国を挙げて実施することになるのはどなたもご承知のとおりです。

さて、当時津波対策については国レベルでもかなり議論が進んでいました。「津波の日」を制定して対策を周知徹底しようという動きもありました。東日本大震災を受けてその動きが加速したのでしょうか。同年六月には「津波対策の推進に関する法律」が制定されました。この法律の目的は「津波による被害から国民の生命、身体及び財産を保護するため、津波対策を推進するに当たっての基本的認識を明らかにするとともに、津波の観測体制の強化及び調査研究の推進、津波に関する防災上必要な教育及び訓練の実施、津波対策のための必要な施設の整備その他の津波対策を推進するために必要な事項を定めることにより、津波対策を総合的かつ効果的に推進し、もって社会の秩序の維持と公共の福祉の確保に資すること」と規定されていますが、実はこの法律の第十五条で十一月五日を「津波の日」と定めています。主としてソフト対策の法律です。また十二月には「津波防災の地域づくりに関する法律」というものも制定されました。第一条（目的）に書かれています。「津波による災害を防止し、又は軽減する効果が高く、将来にわたって安心して暮らすことのできる安全な地域の整備、利用及び保全（以下「津波防災地域づくり」という。）を総合的に推進することにより、津波による災害から国民の生命、身体及び財産の保護を図るため、国土交通大臣による基本指針の策定、市町村による推進計画の作成、推進計画区域における特別の措置及び一団地の津波防災拠点市街地形成施設に関する都市計画に関する事項について定めるとともに、津波防護施設の管理、津波災害警戒区域における警戒避難体制の整備並びに津波災害特別警戒区域における一定の開発行為及び建築物の建築等の制限に関する措置等について定め、もって公共の福祉の確保及び地域社会の健全な発展に寄与することを目的とする」法律だそうです。所管が国土交通大臣、つまり一見防災に関するどの法律とも同じように見えるのですが、主眼は地域づくり、そこには都市計画や建築基準のノウハウが詰まっています。だからはっきり言って、避難とか警戒とか書いていますが、地方自治体では防災部局だけでは手に負えないのです。そうするとこの法律をどこが所管するかで揉めることになります。津波は海岸線の問題だから港湾課？　いや地域づくりや都市計画は都市政策課でしょ、いやいや総務課で旗振りしてもらわないと！　違うでしょ防災部局！　などなど。よく「縦割りの弊害」なんて言います。決まった仕事をこなすには縦割りの方がはるかにやりやすいのですが、縦に割れないとこうなってしまいます。

この法律が施行されるころには、すでに東北各県では復旧ではなく復興に取り組んでいました。つまり、震災前にあった施設を元通りにするだけではまた同じ被害を受ける、そうならない安全・安心な地域づくりというものを、被災して大変な時から将来に向けて考えていました。それを被災していない地域でも考えていこうとする一歩がこの法律「津波防災地域づくり法」だと言えるものですから、和歌山県では何から取り組み始めたらいいものか、県土整備総務課がイニシアチブを取らざるを得なくなりました。

まずは現地を知ることから始めます。津波で被災した地域では、何が問題で何に取り組んでいて今後何をしたいと考えているのか、何、何、何を突き詰めて自分たちのするべきことを考えます。基本は自分たちで行って自分たちの目で見て自分たちの頭で考えるべきなのでしょうが、現地の自治体の職員さん方や現場の事業所の監督さん、被災者の方々にお話しを聞くわけですし、案内もしていただきます。被災して大変な中を本当にありがとうございました。皆様の味わった口惜しさを繰り返さないように、次の災害への対抗策に智恵を絞ってまいります。

第三章　災害発生、組織はどう動く？

「不確実性」ってわかりますか？　不確実性というのは、確実（必ずこうなる）ではない様子という感じですけど、堅く言うと、将来の出来事には「予測できない」性質が備わっていることを示す言葉だとされます（田渕直也著『「不確実性」超入門』参照）。災害とはまさに不確実性の高い状況だと言えますが、近年、不確実性下の組織が議論の対象となる機会が増えているような気がします。その不確実性下で地方行政の出先機関がどのような意思決定を行うかを研究することは、一般の組織（会社とかボランティア組織とか）でも不測の事態というものは起こり得るのだから、どのような組織であっても危機管理上の意思決定や行動を起こすプロセスの最適化を検証するモデルとなり得ると考えて、宇都宮大学大学院で研究しました。研究のテーマは「緊急時における土木行政による災害対応マネジメントの研究」、そして「緊急時の土木行政による現場対応の実態を調査し、現場における組織の出先機関による主体的な活動を基軸に分析を行い、現場対応が効率的に機能することにより組織としての目標が達成されるような現場での災害対応マネジメントのあり方を提案する」ことを目的として、今後の組織論・組織間関係論・組織行動論の展開に資する成果を取りまとめようと考えました。対象として扱っているのは地方の土木行政ですが、どこの地方、どんな組織にも当てはまることがあると思います。だから目指すは「組織の危機管理」です。

研究の前提として、「負担法」という法律があります。負担法というのは略称で、正式には「公共土木施設災害復旧事業費国庫負担法」といいます。地震・台風・大雨などの自然現象により災害が発生して、公共土木施設が被害を受けた場合の対処の根拠となる法律です。

負担法は、自然災害によって地方公共団体が管理する公共土木施設が被災した場合、国の支援により速やかに復旧できるようにと定められた法律です。そこで通常の道路建設事業とか河川整備事業であれば予備設計から工事着手まで早くて三年かかるような手続きが、負担法に基づく災害復旧事業の場合はおよそ三か月で進められます。なぜ？　被災前の社会機能を一刻も早く取り戻すためです。どのようにして？　国の災害復旧を担当する主務省と予算執行を決める財務省の担当者が現場へ来て、災害復旧の設計・申請を担当する自治体の職員から直接話を聞いて、三者で工法や事業費を決めて、一気にその場で復旧の絵を描くのです。だからこそ被災状況を把握し、地域の実情を理解する人達、つまり現場指揮者の責任は重いと言えます。

負担法による災害復旧事業の採択には、①異常な天然現象、②公共施設、③地方公共団体等の施行、という三つの条件があります（全日本建設技術協会『災害手帳』参照）。これらの条件に対して、現実にはその条件にそぐわない事象が多々あります。条件にそぐわない場合には、個別の対応が求められることとなるわけですが、私はこのような個別対応を迫られるような場合の組織行動に着目し、研究を進めました。

一．紀伊半島大水害を振り返る

研究のきっかけは紀伊半島大水害です。

平成二十三（二〇一一）年に発生した紀伊半島大水害は紀伊半島三県にまたがる広域災害です。被害や活動状況については、被災自治体がそれぞれ記録に残し、和歌山県でも『平成23年紀伊半島大水害記録誌』（和歌山県）を作成し公表されています。また当時の災害対策本部の状況はホームページなどでも公表されています。これらの資料は客観的に状況を記録することを主旨とした情報ですが、資料を分析することにより、当時の対応方針や状況が詳細に理解されます。そこで、私は紀伊半島大水害における和歌山県の対応方針を整理することにしました。

災害発生直後の応急対応としては、救助・救援あるいは緊急物資・機材の輸送のため、防災拠点から被災地への輸送ルートの確保が最重要課題です。そこで、道路応急復旧のプロセスと対応課題について、論文[6]としてまとめたことは前章でも触れました。道路応急復旧におけるプロセスの特徴を整理し、課題を抽出します。県の対応方針の下、災害対策本部では道路応急復旧がどのように進められたかを既存の資料などから整理しました。そして、「孤立集落の把握と対応」「孤立集落把握の困難性」「内陸部ネットワーク復旧の課題」の三つの課題について考察しました。また、物流ネットワーク確保の観点から、特に内陸部幹線道路の復旧の重要性について提案しました。

道路の不通と集落の孤立

まずは、和歌山県の道路に関する防災上の条件を整理します。

和歌山県の地形的特徴として山間部が海岸線近くまで迫っているということがあります。人口は海岸線に集中し、幹線道路も海岸線を通っています。そのため、大規模地震・津波災害を考えると、最重要幹線道路である国道四十二号が一番重要なアキレス腱であるし、その災害復旧が被災後の復旧・復興を進めるための生命線ともなっています。紀伊半島大水害でも災害初期では大雨と波浪のために海岸線の道路の規制が続きましたが、その後、土砂災害等により、内陸部の道路がかなり被災しました。

和歌山県での孤立集落発生の可能性を研究した近藤伸也ら(7)の研究によりますと、集落の単位を各自治体の町丁目及び大字単位と仮定し、孤立集落を道路閉塞により不通となる集落と定義し、東南海・南海地震の被害想定を基に県内全域の被災時の集落数を整理しました。そうすると、和歌山県全域で一、七七一の集落のうち道路不通により七〇〇あまり、約四割の集落が孤立することが想定されています。これを県中部と南部に当てはめて整理すると、全数八三八の集落に対し四九九、約六割の集落が孤立すると想定されています。これによると、総数で見れば集落数は県中・南部で全域の半数に満たないものの、不通となる集落は中・南部で七割を占めていて、これらの集落の孤立を解消することが災害対応の大きな課題の一つであることがわかります。実際、紀伊半島大水害では、まさに内陸部の被災とその道路啓開が災害対応の最優先課題となりました。

続いて、紀伊半島大水害の災害対応と道路応急復旧の過程について整理します。

紀伊半島大水害の時も他の災害と同様に、台風の接近とともに気象情報が順次発表され、それとともに水防配備態勢（和歌山県水防計画に基づく体制）や職員配備体制（和歌山県地域防災計画に基づく体制）の段階的な強化が図られました。この間の道路規制となると、九月二日から三日にかけては雨量規制や道路冠水による規制であり、水が引くことにより順次解除されました。三日の夜遅くから四日未明の大雨に伴い、洪水による浸水や土砂災害等が発生し、再び各地で通行止めを余儀なくされ、被害が拡大していきました。そのため、四日午前八時に和歌山県災害対策本部が設置され、午前九時に第一回本部会議が開催されました。本部会議では被害状況の報告のほか、避難や救援の状況、ライフラインの状況等が報告され、その中で道路啓開の状況についても報告されました。これらの報告資料を基に、私は四日から十日にかけての初動期の被害状況の把握と道路規制の経過について整理しました。人的被害、住家の浸水被害、道路規制について、それぞれ報告数の推移をグラフ化すると、より鮮明にその経過が見てとれました。これらのグラフから人的被害は週の前半（三日程度）でおおむねの被害規模を把握しているのに対し、家屋被害については週の後半に、道路規制については災害対策本部立ち上げとともにおおむねの規模が把握されていることがわかります。

災害対策本部が設置されるにあたり、甚大な被害の場所が新宮市から田辺市本宮にかけての熊野川沿川の集落と、那智川、古座川沿川の集落等、県南東部に広く分布していることが示されました。これを受けて、本格的に道路啓開が検討されることとなったものと思われます。

国道四十二号はまもなく通行可能であることが確認され、那智勝浦町方面への救援ルートとして確保されました。一方、田辺市本宮、新宮市熊野川町への救援ルートは内陸を通行せざるを得ない状況であることは明らかなのですが、田辺市中心部からの国道三一一号、和歌山市や有田市方面からの国道四二四号が救援のための主たるルートとなるものの、こうした内陸の幹線ルートは大きく被災していました。

県及び市町村管理の道路の啓開・復旧作業は基本的には県の各振興局や市町村が実施することになります。県振興局では地域の建設業と協力し道路の啓開を進めるとともに、現地の状況を災害対策本部（道路保全部局）へ情報として伝えました。

孤立集落については災害発生から一週間程度の時間経過では道路規制との関係において明確な集落数としての把握はできていませんが、その後道路の通行規制とともに整理されています。

道路応急復旧の課題について整理します。

大規模な災害が発生して、集落が孤立しているかどうかの判断は、一つには道路が通行できない状態になり、他に迂回路がない場合であると考えられます。災害対策本部会議の資料でも、道路の規制状況を示す表の中で、通行規制箇所ごとに「自動車によるアクセス不能集落」の有無が記載されるようになっています。その集落を孤立集落とみなして、さらに状況を把握することになります。紀伊半島大水害での大雨の初期段階（災害対策本部が設置される以前の段階）における雨量による規制や用排水路からの溢水などによる道路冠水（降雨が小康状態になることで自然と水が引く場合）を除けばアクセス不能集落は五箇所で発生していると報告されていました。本来、「アクセス不能集落有り」とされた場合は次の段階として集落数と集落人口の把握が必要となりますが、今回の災害ではそれをしていませんでした。その理由として、道路管理者としては集落が孤立したことへの対応より孤立の原因となる通行規制への対応が優先されたためと考えられます。気持ちのどこかで、集落への対応は市町が取り組んでくれるとの思いがあったのかも知れません。

通行規制箇所と孤立集落については、九月二十八日時点で、通行規制箇所（解除済みを含む）一六一箇所、孤立集落については四〇地区（全て解除済み）と報告されました。この数字は、通行規制箇所についてはは初動期にわかっていた箇所からほぼ隔たりはないのですが、孤立集落については大きく数字が異なっています。アクセス不能地区として把握されていた箇所の中に複数の集落が存在することが後々わかってくるためだと思われます。

一方、アクセス不能と認識されていなかったところもあります。大きくは二箇所（日高川沿川の集落、那智川沿川の集落）あり、いずれも被害の大きかった地区です。アクセス不能と認識されなかった原因として、

① 何本かの路線が交差する場所であり、集落へのアクセス経路が複数想定されること
② 道路の被災と集落そのものの被災が混在し、集落を孤立させた原因となる道路規制を特定することが困難であること

の二点が考えられます。

しかし、孤立集落の把握には、単に道路が通行止めであったというだけではなく、通行止めであった期間の長さや時間帯の問題に大きく左右されます。また、被災したことにより生活習慣（衣、食、住）や生活形態（医、職、習）に影響し[(8)(9)]、住人が孤立したと認識するかどうか、あるいは実際に孤立したことへの対応（ヘリコプター等による救助・救援等）がなされたかどうかにもよると想定されます。例えば、県南部で通行止めや孤立集落の空白域がありました。この空白域にあたる古座川町では町内を流れる古座川が氾濫し、沿川の集落の家々はどっぷりと床上浸水となりました。幹線の道路は川の流れに沿って、川と集落の間を通っているので、当然道路も冠水し、通行できなかったはずです。しかし、事前に避難を進め自家用車を高所に移動させるなどの対応で被害を最小限にとどめることができて、住民は水が引きはじめるとすぐに復旧活動に取り組んだのでしょう。報告の中には古座川沿川の集落について孤立したとの記載はなく、他の地域からは意外と被害が少なかったかのように受け止められ、結果、被災の初期、期待するほどには応援ボランティアに来てもらえないというようなこともありました。これら

のことから、孤立集落解消に向けての被災道路の復旧の影響を考察するには、被災地域の救援を視野に、もっと深く地域の状況を知る必要があると考えます。

災害対策本部の対応状況と道路被災箇所の把握

和歌山県災害対策本部の対応状況について整理します。

和歌山県災害対策本部が設置されたのは九月四日八時です。県災害対策本部会議では九月四日七時時点を最初として、日に四回（朝、昼、夕、夜）程度、被害や対応の状況について整理されています。それによると、被害の状況については十日ごろまでにその全容がおおよそ把握され、道路の状況についても十日ごろまでに規制箇所の全数がおおよそ把握されるとともに、当初全面通行止めであっても応急対策によって解除または片側通行等への切り替えが進み、通行可能となる箇所が増えていきました。

紀伊半島大水害では高速道路（阪和自動車道等）についてはほとんど被害がなく、雨量規制解除後すぐに利用可能となりました。また、国道四十二号については台風接近時の波浪による規制がありましたが、台風の通過後は速やかに通行規制が解かれました。しかし、山間部の雨量の多さから内陸部での被害が大きく、道路の応急復旧にも時間を要しました。和歌山市と新宮市を結ぶ内陸部の幹線道路と実際に甚大な被害を受けた箇所がかぶっていたことから復旧対応の優先順位が高いと判断されました。つまり、国道四二四号から国道三一一号へ繋がるルートと国道三一一号の道路啓開が優先されました。それに続いて地方主要道及び市町村道の復旧ということになりますが、現実には県各振興局及び市役所や町村役場が機能していたおかげで分散型の応急対応が可能であったのではないかと言えます。

紀伊半島大水害では内陸部の被災が目立ちました。紀伊半島の内陸部では、地形的特徴から川筋の道路沿いに集落が張り付いて点在しているという状況にあります。そのために大きく被災地といったエリアの中で、被災集落と被災道路が混在している状況であり、また道路は一本の道路が生活道路と幹線道路を兼ねた機能を有しています。そしてその一本の道路がまさに外部からの救援のために必要となります。また時間距離が遠くなることから被災地への救援拠点も被災地エリア内にあるという状況を考えると、幹線ネットワークの早期確保が課題でありました。そのため、X軸ネットワーク（和歌山県が主要都市間を結ぶ幹線道路網整備のために付けたネーミング）と呼ばれるルートの復旧を進めることになり関係部署が連携して取り組みました。結果的に災害対策本部立ち上げの当初は孤立集落としての被災状況の把握が十分ではなかったものの、道路の復旧を進めることで、被災地での生活や産業の再建もなんとか順調に進んだと言えます。

実際の復旧作業は、地域の建設業と協力しながら振興局単位で進められます。しかし、広域災害では県内全域で幅広く取り組んでいくこととなり、その中で被害の状況と救援ルートを考えたとき、どの被災箇所をどのレベルで応急復旧するかの判断が求められることになります。今回はそうした判断の過程を検討した事例の中で、復旧の目標（県南東部への救援ルートの確保）と対象箇所の優先度の検討（X軸ネットワークの応急復旧）がわかりやすく整理された一例として他の取り組みの参考になるのではないかと考えています。

さらに、苦瀬博仁著『ソーシャル・ロジスティクス』によると、災害時の緊急支援物資の供給の課題の一つとして、備蓄と補給のバランスが指摘されます。その中で補給のための供給システムとして施設インフラ（ノード、リンク、198頁参照）の確保が重要であるとされます。また、国土交通省（政策統括官）

では「支援物資物流システムの基本的な考え方」を公表し、東日本大震災時の物流の状況から見た主な問題点の一つとしてインフラの損壊が指摘されているものの、物流を検討するにあたっては自動車の通行が可能であることを前提としています。実際、紀伊半島大水害では人的被害や住居被害の把握と合わせて道路規制も解除の方向で進みました。

市町村では停電や電話回線の被災等によって、情報の伝達・共有が困難な状況になり、県災害対策本部では状況把握が次第に困難となっていきました。初動期の情報不足は、その後の支援活動の遅延や避難所の環境悪化につながる恐れがあったことから、避難所や孤立集落をはじめとする現地の情報収集や避難所の運営支援、支援物資の配布等のため、県職員を現地に派遣しました。第一班は九月七日から派遣されましたが、このころには道路規制の状況はおおむね方向性が見えてきて、片側通行等で通過に時間を要する場合があったとしても、ルート選定にあたり大きな混乱をきたすことはなく物流計画を立てられたものと理解されます。

紀伊半島大水害では、孤立集落数と道路被災箇所が必ずしも直接関連していないことが明らかとなりました。地方の道路では幹線ネットワーク機能と沿線集落にとっての生活道路としての機能が併せ持たれるにも拘わらず、道路規制情報では幹線ネットワーク機能が優先となり、生活に支障があるという現地の情報が十分に反映できていないことが原因の一つと考えられます。

被災地側の立場に立って本当に必要なところに必要な物資が届けられる体制になっているか考えた時、災害時の物流のノードとリンクを速やかに検討するにあたり、地方にしっかりとした防災ネットワークを作り、社会資本を担当する部局と福祉等地域の社会生活を担う部局の連携を強化することが必要です。そして、地方の幹線道路にはネットワーク機能と生活道路機能を併せ持つことを踏まえ、様々な被災事例に対応できるよう、復旧の優先順位を決める指針や手順等を事前に明らかにしておく必要があるのではないでしょうか。実際にどこがどの程度被災するかは起こってみないとわからないので、指針や手順というのはあくまでも考え方の整理ということです。

二　公共土木施設災害復旧における現場対応の課題

紀伊半島大水害から十年の経過をきっかけに、当時の災害復旧の状況を検証したいと思い立ちました。現場における状況判断や意思決定がどのような状況で行われたかを明らかにすることは、今後の南海トラフを震源とした巨大地震を想定した災害復旧の現場対応システムを組み立てる上でも意義があると考えたからです。

災害発生時の現場対応はクライシスマネジメントの一環と理解されます。また、米国の危機対応システム（ICS：Incident Command System 197頁参照）を紹介し、地方自治体の災害対策本部で適用しようとする研究が多く見られます。（林春男ほか著『組織の危機管理入門』参照）これらは自治体組織全体（県庁とか市役所とか）のマネジメントに着目したもので、現場で発生する課題について、まさに現場で課題解決が求められる状況で、解決までの過程に関して十分な議論がなされているとは言えません。一方、災害復旧における現場対応について研究したものもあります。例えば、被災自治体への応援に集まった職員の組織運営状況を研究したものや、被災地での建設業の役割を評価するにあたり地方自治体との関係性を研究項目としているものが見受けられます。だけど、実際に現場対応にあたる行政の出先機関に着目してみると、組織マネジメントの視点では議論が不十分だと感じます。

以上の問題意識から、和歌山県の出先機関として公共土木施設の災害復旧を担当する所属の長の役職である地域振興局建設部長の経験者を対象として、アンケート調査及びヒアリング調査を実施して、公共土木施設災害復旧の現場対応における課題の抽出を試みることにしました。

建設部長経験者へのアンケート調査

まずは調査研究の方法を整理します。

和歌山県における地域行政は振興局制度をとっていて、七つの振興局が設置されています。県行政全体を見ると、行政のトップは県知事です。県民から選挙によって選ばれます。知事は県庁組織の職員を統括するコマンダーの立場もあります。県庁では知事の下にいくつかの部があり、さらにその下に局があり、課があるという階層型の組織になっています。振興局というのは部長と横並びの振興局長が指揮をとる出先機関で、地域における知事権限の委譲を受けています。社会基盤整備や公共土木施設の災害復旧を担う部署としては本庁に県土整備部、振興局に建設部が設置されています。建設部における災害対応は総務調整課、管理保全課、工務課（被災当時は道路課、河港課）の三課で対応します。主な業務分担としては、総務調整課で情報の収集・発信を行い、災害復旧事業の要となる災害査定（県と国土交通省と財務省が現場で一堂に会し、被災箇所の復旧工法や復旧事業費を決定する業務）のロジスティックスを担当します。管理保全課は災害発生時、危険な道路を通行規制したり、土のう設置や崩土除去といった緊急対応を行います。工務課は災害復旧事業を担当し、災害査定を受け工事を進めます。

従来の研究では県を一括りにして、本庁を指揮・調整、地方の出先機関を事案処理の担当としてとらえる場合が多い、というかそれが当然だと思います。例えば近藤伸也ら(10)の研究では新潟県の災害対策本部会議および災害対策本部事務局に着目し、地方出先機関の役割については触れていないといった具合です。しかしここでは現場における災害対応の課題を抽出することを目的として、公共土木施設の災害復旧事業を担当する地方出先機関の長として、地域振興局建設部長の状況判断や意思決定過程等に焦点を当てます。

本研究では、まず対象者にアンケート調査を実施し、その結果を踏まえ、紀伊半島大水害当時の立場や建設部長として担当した地域の違いなどからヒアリング調査の対象者を抽出し、ヒアリングを行います。被災当時の職位等を配慮しつつ、組織、運営、現場対応等に関する質問に回答を得ます。被災の翌年度に多くの職員がかかわり作成された記録誌に多くのデータ情報がまとめられていることを踏まえつつ、当時の自身の行動などを振り返りながら記憶に強く残っているところを回答してもらうことで、現場対応の課題を抽出します。

続いて、アンケート調査の実施結果を整理します。

アンケート調査は平成二十三年紀伊半島大水害以降に地域振興局建設部長を経験した三十二名のうち、すでに退職した二十五名を対象として実施しました。建設部長経験者を対象としたのは、建設部長時代に建設部長が持つ災害復旧事業の企画・立案や執行の権限を活かして、意思決定に基づく何らかの行動が起こせたと考えるからです。また、現役の職員を対象から外したのは現職に配慮した意見となることを危惧したためですが、発生から十年という歳月が経っていることもあり、退職された方々は紀伊半島大水害当時にはすでに組織の幹部といえる役職にあったであろうことを想定しています。
調査項目については対象者が回答しやすくなるようにと考えて、項目ごとに選択式と記述式を組み合わせた形式で調査票を作成しました。具体の調査項目としては、以下のとおりです。

アンケート調査の質問項目

質問一　紀伊半島大水害時の所属と立場を教えて下さい。

質問二　当時の災害対応で強く記憶に残っていることは次のどれに該当しますか。

a　建設部内の組織、人員、資機材に関すること
b　復旧工法など現場の対策そのものに関すること
c　市町村との関わりに関すること
d　地元との関わりに関すること
e　本課（本庁の関係課）からの指示あるいは本課への報告・連絡・相談に関すること
f　その他

質問三　質問二の回答について、具体的に内容を教えて下さい。（記述）

質問四　建設部長時代の災害（紀伊半島大水害に限らず）の対応で「うまくできたと思うこと」と「失敗あるいはもう少し工夫が必要であったなどと思うこと」を教えて下さい。質問二で示した項目から選択し、その具体的な内容を災害の状況を含めて記載してください。

質問五　建設部長時代の災害の対応に関して、他の組織からの意見で「役に立ったと思うこと」と「困ったと思うこと」をそれぞれ教えて下さい。他の組織とは次の中から選択してくださ

い。

A　本課（本庁の主管課）

B　市町村

C　建設業界

D　地元

E　その他

質問六　その他災害対応に関して強く記憶していることや思いがありましたら教えて下さい。

アンケート用紙を発送した二十五名のうち、十九名から回答を得ました。紀伊半島大水害時における回答者の所属、立場は、建設部長（七名）、建設部で建設部長以外の立場（四名）、本課（八名）でした。

アンケートの結果、紀伊半島大水害時の対応についての集計結果では、災害復旧業務が大量に発生した大災害時の現場において、建設部長が、建設部という組織の長として、人員や資機材など現有資源の中で何ができるか、何をすべきかということに思いが至り、この思いが強く印象に残っていることなどが反映されたものとして十分に理解できます。また、建設部内、特に人員に関する意見が多かったのは、特定の職員に対する業務の集中、災害時の組織・人員体制に無理がある、あるいは応援のために職員を派遣する側の立場では、派遣職員の人選と（派遣職員が）抜けたあとの対応などに苦慮することが挙げられていました。これらは組織マネジメントに関わる意見としてとらえることができます。一方で、その同じ建設部長が、大災害時という環境を離れると災害や危機管理に思いを馳せることがなくなるということが、建設部長時代の「特に意見なし」が多いという結果から見て取れます。

消防庁では、「市町村長に対する危機管理の要諦」の中で、市町村長が行うべき五つの重要事項として以下を提示しています。

①　駆けつける：市町村長は本庁舎に一刻も早く駆けつける

②　体制をつくる：災害対策本部等の対応体制を早急に立ち上げる

③　状況を把握する：被害状況の速やかな把握に努める

④　目標・対策について判断（意思決定）する：目標、重要な対策等の意思決定は市町村長自身が行う

⑤　住民へ呼び掛ける：市町村長自身が前面へ出て住民への呼び掛け・説明を行う

これらの事項は現場において状況判断や意思決定を行う建設部長にも当てはまるところがあるのではないかと考えて、アンケートの回答の詳細項目について、研究室内で議論して整理しました。整理に当たり市町村長の場合と異なることとしては、本調査は建設部という組織の体制が整っている前提で災害復旧への対応を調査していることから、①の「駆けつける」はいち早く現場を確認し、対策を実施することを意図し「迅速に復旧する」とします、②の「体制をつくる」は建設部の体制のことだけではなく本課や地元市町、業界など他組織との関係を確立することも含みます、⑤の「住民へ呼び掛ける」は広報だけではなく広聴の主旨を含みます、などを考慮して整理しました（調査結果の詳細は参考文献に記載の論文を参照してください）[(1)〜(4)]。

この整理を通して、建設部長が災害対応において「うまくいった」と考えていることや、「失敗した」あるいは「工夫が必要」と考えている内容が市町村長に対する危機管理の要諦に当てはまるものであることがわかりました。さらには個々に多くの意見がある中で、回答を分類した考え方から五つの要素を抽出できると考えました。つまり、一つには社会生活を一刻も早く回復するということで「時間（ス

ピード）」を気にかけているということ。二つ目として他組織との協力や良好な関係性を確保するということで、平常時以上に「コミュニケーション」を大切にしているということ。三つ目として情報収集から活用、あるいは過去の経験なども含め「情報（インフォメーション）」が災害対応には重要であるということ。四つ目として二次災害や再度災害の防止、早期の社会生活の回復のための段階的な対応など復旧対策の「計画（プランニング）」において配慮すべき事項が多いということ。五つ目として地元関係者に対する「説明（プレゼンテーション）」において、しっかりと理解してもらえるように工夫や努力が必要であること。これら五つの言葉は重大な意思決定や迅速な行動のきっかけ（トリガー）となり災害対応時に必要な要素としてとらえることができると考えました。

また、他の組織からの意見で役に立ったとして挙げられた組織は「建設業界」が最も多く、一方困ったこととして挙げられた組織は「本課」とする回答が多いという結果となりましたので、このことからヒアリング調査において、本課と建設部の関係（つまりは組織の本部と出先機関の関係）について検証するべきと考えました。

ではヒアリング調査を実施した結果を整理します。

まずヒアリング調査の対象者を抽出しました。アンケート調査で回答を得た方を四つのカテゴリーに分類しました。

①　紀伊半島大水害で、大きな被害を受けた地域の建設部で建設部長の立場

②　紀伊半島大水害時、本庁担当課として建設部を指導する立場

③　紀伊半島大水害時、比較的被害が小さかった地域の建設部で建設部長の立場

④　紀伊半島大水害時に建設部に所属し、後に建設部長を経験

ヒアリングは対象者の各カテゴリーで一〜二名、計五名に対して実施しました。

紀伊半島大水害では幹線道路も大きな被害を受け、通行規制により多くの孤立集落が発生しました。そのため県中南部の振興局建設部では道路の応急復旧に向けた対応が求められました。大きな被害を受けた地域の建設部長からは、当時を振り返り「（自分のところには）本課は口出しできなかったと思う」という話がありました。その主旨は、自分は現場経験が長く、現場が得意であり、本庁担当課の担当者より明らかに現場をよく理解していたということです。そのため、当然のこととして現場の状況を踏まえた正しい判断ができるという自負があったのだと思います。また、当時の建設部のメンバーは、幹部の多くが地元出身で土地勘もあり、現場で復旧作業をしてくれる建設業者のこともよく知った職員がそろっていたとのことで、複数の有能な職員を中心に、組織が一丸となって力を発揮して活動していたということです。さらに本庁職員との人間関係にも言及していました。本庁担当課をまとめる立場にある局長と同期であることから、予算の確保等、本庁にとって耳のいたい意見であっても言いやすい関係にあったことを挙げて、コミュニケーションの重要性を指摘していました。

一方、紀伊半島大水害時に本庁担当課に配属されていて、建設部を指導する立場にあった職員の意見を整理すると、様々な原因（通信施設の被災、個人の対応能力など）で情報が入ってこないことに困惑した様子がうかがえました。ただ、本庁の中においても現場の経験が浅いことや通常事業との違いが理解できていないことなどに起因する若手職員の業務の進め方の問題を指摘する意見もありました。

紀伊半島大水害時に被災規模があまり大きくなかった県北部地域の建設部長では、本庁と建設部の関係において、本庁担当課からの指示に対し、現場での迅速な対応を心掛け、速やかに本庁担当課に状況

を報告するという姿勢が感じられました。また、当時建設部で担当の職員であった人のヒアリングでは、情報共有やコミュニケーションといった観点から「常にホワイトボードを出して、みんなで情報共有できるようにしよう」とか「業界とのコミュニケーションが大事」などの意見が多く聞かれたのとともに、本庁担当課と建設部の役割分担に関して「建設部は現場でのコミュニケーション、本課は委員会や記者発表など、役割分担が大事」とする意見を得ることができました。

災害時、建設部の立場が変化する

災害対応に必要な要素と出先機関を取り巻く状況について整理します。

まずアンケート調査の結果として、紀伊半島大水害の経験、特に人員体制に関する意見から組織マネジメントの問題を抽出しました。また、建設部長時代に「うまくできた」と思うところから、コミュニケーション、プランニング、スピード、インフォメーション、プレゼンテーションという災害対応に必要な五つの要素を抽出しました。「失敗または工夫が必要」と思うところから提示された問題点についても、この組織マネジメントと五つの要素で整理できることを示しました。さらに「困ったこと」として建設部と本庁担当課との関係をあげる意見が多かったということがありました。このことを踏まえて行ったヒアリング調査では、災害対応時における本庁担当課と建設部の関係性を中心に意見を聞くことができました。これらのことから建設部あるいは建設部を指揮する建設部長を取り巻く状況として、四つの特徴を整理しました。

被害の大きかった地域の建設部長が「現場が得意」という自らの経験を踏まえた応急対応をし、そのことに関して、前述の「本課は口出しできない」という自負を持っていたというエピソードがありました。この時さらに本庁担当課から文句を言わせないようにと、自ら仕掛けて、仮設道路の開通にあたり本庁担当課の担当者ではなく、本庁の幹部職員に現場の確認をさせるという行動をとったそうです。その同じ人が本復旧の計画策定にあたっては本庁担当課と建設部の意見の食い違いに対し、「仕方がない」と本庁担当課の意見を受け入れました。また、被害の小さかった地域の建設部長は災害対応における本庁担当課からの依頼に対し、多少抵抗はしたものの、やはり「仕方がない」として受け入れたということです。さらに、当時本庁に在籍していた職員は、「(災害対応は)建設部長の判断に任せないと早急な復旧はできない」との意見を持っていました。「現場が得意」として災害対応に当たった建設部長の判断と行動を追認する意見を持っていたと言っていいのではないかと思います。

これらのエピソードは、本庁担当課と建設部の立場が平常時と非常時で変化していることを示すと考えられます。緊急対応として現場の指揮をとっている状況では、現場の状況をつぶさに把握し、適切な判断ができるのは自分しかいないとの意識が見てとれます。つまり、建設部長としての独立した組織の長の側面が色濃く出ているのではないでしょうか。一方、大きな視点でみれば災害復旧の状態であるというものの、小規模の災害やある程度先を見据えた計画の策定ということになると建設部は本課の指揮の下で行動する実行部隊となっています。つまり、潜在的には県全体の災害復旧という目標に向けた一現場の一部門を担うという意識になるのではないでしょうか。その意識が「仕方がない」という言葉に表れていると考えられます。一つ目の特徴は、このように非常時と平常時では建設部長の意識に変化が現れ、平常時には本課の指揮の下で現場対応を行う建設部が非常時には本課に意見する立場になるというように、「平常時と非常時では建設部の立場が変わる」と言えることです。

ヒアリングの中でよく出てきた言葉の一つに「コミュニケーション」があります。「情報共有」という言葉もよく似た意味で使われますが、それぞれの意図するところには大きな違いがあります。「情報共有」の場合は組織内あるいは組織対組織の関係において同じ情報を持つことで、時には活動のベースとなり得るものです。一方の「コミュニケーション」は組織というより個人の関わりを表現しています。

平常時には建設部が組織として、他の組織と「情報共有」しながら業務を進めているのですが、非常時にはそうした組織的業務に加え、一部の内容や相手が集約された上で、建設部長を中心とした「コミュニケーション」が業務を進めるために重要となります。

建設部長として「コミュニケーション」の対象となる相手は、本庁の幹部であったり、地元の地権者であったり、建設業界の一業者であったりと様々ですが、そこには業務上の情報を伝達・共有することとは違った関係が存在します。本庁に対する場合では事業費の配分についてストレートに無理を頼む意図で使われています。地元に対する場合では行政の手続きや計画の説明よりは相手の不安の聞き手になっています。地元の方にとっては立場のある人に自分の思いを伝えることで、少なからず安心感が生まれます。また、建設業界とは被災現場を前にして最善の対応策について意見を戦わせていたといえます。

それぞれの「コミュニケーション」において建設部長はその中心にいて、時には地元対応のように潤滑油にもなれば、本課に対する事業費配分の依頼のように劇薬にもなっていました。そして潤滑油や劇薬になるにはヒアリングでも明らかなように建設部長本人が早期復旧に向けたしっかりとした信念を持たなければいけないし、その結果として挙げられるのが、二つ目の特徴として、「建設部長がコミュニケーションの要」になるということです。

続いてリエゾン（198頁参照）や支援についてです。これらは非常時特有の対策です。被災情報が十分に伝わってこないという苛立ちや焦燥感は情報を集約する側にはよくあるし、自分の目で現場をみることができないのに災害対策本部やマスコミ等の前で全くの第三者に状況を伝えなければいけないといった場面に駆り出されることを思えば当然の感覚です。一方、現場の側からすれば、時々刻々変化する状況の中で何をどのように伝えればよいのか、そもそも現場にいない本庁の担当者から事細かく聞き取りをされても、「現場はそれどころではないんだ」という感覚です。本庁の担当者としても対幹部、対国などにおいて同じ思いがあるのかも知れません。そのような情報集約（インフォメーション）の観点から、その苛立ちを緩和し業務を円滑化しているのがリエゾンです。現場にとっては情報がほしい側の人が独自に情報を集めてくれることから相手の意図を斟酌する必要がなくなるわけですし、また、こちらの組織に入って来てくれることで、逆にこちらの考えを現地の状況を踏まえて直接伝えることもできることから、リエゾンが組織に入り込んでくれることは大歓迎ということになります。ところが支援ということになると、その扱いに対する思いが微妙に異なります。国から支援に来たチームが一つの難しい現場を、現場の案内をすることもなく、調査の段階から応急対応や災害復旧まで丸々引き受けてくれた事例がありました。建設部長として大変な感謝の意を示しました。一方で同じ支援といっても、支援に来てくれたメンバーが現地不案内ということで、事務所の職員が現場の案内や業務へのフォローが必要であるとなると、人手を割かなければいけないということで、余計な業務が増えるのではないかと不安が先に立ってしまいます。リエゾンや支援は建設部にとって全くの別組織の行動としてとらえられているのでしょう。これを建設部の現場対応業務の一部としてとらえるか否か、マネジメントの問題としてしっかり検討すべき課題であると思います。しかしながら現場を指揮する建設部長の意識としては、あくまで意識上の理解ですが、リエゾンは組織の中へ入りこんで現状をしっかり上（本部や国等）に伝えてもらい、支援は自分たちの組織とは別行動により業務をそっくり引き取ってもらいたいという思いがあるようです。三つ目の特徴は「リエゾンは組織の中へ支援は組織の外で」という感覚です。

さて、技術を司る組織としては経験の蓄積と伝承が重要な課題であることは言うまでもありません。平常時から座学を含む研修として取り組むだけではなく、業務を進める中でも意識的に経験を伝えていくように取り組んでいるところです。ところが今回のヒアリング調査では、本庁担当課に対する意見の中で、「経験の浅い本庁の若手職員が上司に相談もせずに建設部に指示して設計を進めてしまう」という意見がありました。若手職員の勝手独走かというとそうでもありません。平常時ならよくある話です。本庁担当課と建設部の担当者協議の中で、お互い疑問に思うところを意見交換し、組織内での検討を含め相応の時間をかけて問題点を解決しながら設計を進めていくというものです。相応の時間がキーワードです。しかし、非常時のプランニングという観点では設計にせよ調査にせよ一刻を争う場合があります。疑問点がすぐに解決できないとしても次の一手を打つ判断が必要な場合があります。「持ち帰って内部でしっかり検討します」ではないのです。そうしたことを踏まえると「上司に相談もせず」進めるということではなく、本庁の中では上司が若手職員をうまくリードしていく環境が必要ですし、現場における即座の判断を助けるためにも本庁、建設部を問わず、多くの経験を活用する環境が必要であるように思われます。四つ目の特徴は、「経験の重み」ということです。

三．東日本台風と栃木県の対応

紀伊半島大水害における公共土木施設の災害復旧について、和歌山県の出先機関である地域振興局建設部の現場対応における課題を抽出したところ、現場対応において適切な状況判断や意思決定を行うためには本庁と出先機関の関係性が重要であることが明らかとなりました。そこで公共土木施設災害復旧を担う組織形態として、振興局制度と土木事務所制度を比較検討する必要があると考えました。振興局制度である和歌山県の調査結果を踏まえ、土木事務所制度での災害対応の状況を調査し、和歌山県と比較することにより、共通の課題、または相違する課題の抽出を試みました。調査対象としたのは栃木県です。なぜ栃木県か。栃木県はそもそも土木事務所制度であり、二〇一九年に発生した東日本台風により甚大な被害を受けました。大都市に近郊しているということも和歌山県と比較するのに相応しいと考えました。もちろん制度上のくくりを和歌山県と栃木県の二県に代表させるというのには多少の無理があることは含んだ上で、身近なところから取り組みました。組織形態の違いによる現場対応への影響を考察し、効率的な現場対応マネジメントの確立に向けての取り組みを推進します。

栃木県と和歌山県を比べると

まず、栃木県と和歌山県を比較します。

繰り返しになりますが、災害現場において公共土木施設の災害復旧を担当する出先機関として、栃木県では土木事務所、和歌山県では振興局建設部となっています。各々の特徴として、土木事務所の場合は本庁県土整備部の指揮下に位置づけられていて、道路行政、災害復旧行政といった個別課題に対して本庁と出先機関の連携が図られやすいと考えられます。一方、振興局建設部の場合、地域における知事権限の一部が分掌されているため、農林行政や福祉行政など地域で複雑に絡み合って発生する異なる課題への対応において、振興局という組織の下で関係機関の連携が図られやすいと考えられます。

　続いて栃木県と和歌山県の自然環境、社会環境に関するデータを比較しました。栃木県は和歌山県に比して面積が一．四倍、人口が二倍強であり、一人当り可住地面積で一．三倍と平坦な土地柄であることが推定できます。年間降水量では、紀伊半島は全国でも有数の多雨地帯として知られていますが、県都宇都宮市と和歌山市の比較では宇都宮市の方がやや多いようです。一方、年平均気温では和歌山県の方が温暖であることがわかります。

　行政では、和歌山県の方が年間予算に比して土木費や災害復旧費の占める割合が多くなっています。県全体の予算では栃木県が和歌山県を上回っていますが、土木費では同程度の予算規模ですし、災害復旧費では和歌山県が上回っています。

　また、地勢では、栃木県の場合は関東ローム層の影響でしょうか、北西の山岳部から南東に向かってなだらかに地形が変化しているのに対し、和歌山県では山地が海岸線まで迫って、小河川沿いに小さな平地が分布しています。

栃木県と和歌山県のデータ比較（令和四年統計資料より）

カテゴリー	項目	単位	栃木県	和歌山県	備考
自然環境	総面積	㎢	六、四〇八	四、七二六	

	可住地面積	km²	二、九八三	一、一一五	
	一人当り可住地面積	m²	一、五四二	一、二〇五	
	年平均気温	度	十四．三	十六．九	県庁所在地
	年間降水量	mm	一、五二五	一、四一四	〃
	年間日照時間	時間	一、九六一	二、一〇〇	〃
人口	総人口	千人	一、九三四	九二三	
	人口密度	人／km²	三〇二	一九六	
	老年人口割合	%	二九．二	三三．一	六五才以上
行政	一般行政職員	人	四、四九九	三、五二九	
	年間予算（歳出）	億円	一〇、〇八六	六、〇四四	
	内土木費	億円	八二〇	七四一	
	内災害復旧費	億円	二五	七〇	

こうした環境の違いが災害の様相や災害対応の状況にも少なからず影響を与えるものと考えられます。具体的には栃木県の場合、河川形状が県庁所在地である宇都宮を境にして北部は堀込河川、南部は築堤河川という特徴を持っていて、雨の降り方によって広範な地域ごとに山間部では土砂災害、山地の裾から平野に変化するところでは河川の氾濫、下流域の平野部では堤防決壊などといったようすで災害の形態に特徴が表れるのに対し、和歌山県では地域ごとに多種多様の災害が発生し、全域で大雨となった場合は多くの孤立集落が発生するという特徴があります。

東日本台風による栃木県の被害

続いて、令和元年東日本台風災害と栃木県の被害について概要を整理します。

令和元（二〇一九）年東日本台風（台風十九号）は十月六日に発生し、十月十二日十九時に伊豆半島に上陸し、東海から関東全域、東北地方の太平洋側の広い範囲に大雨をもたらし、甚大な被害が発生しました。栃木県では十二日の昼前から本格的に振り出した雨が十五時頃から強い雨、夕方から激しい雨となり、二十三時頃まで続きました。県内には十二日十九時五十分から十三日二時二十分まで大雨特別警報が発表され警戒にあたっていました。県内各地で十一日から十三日にかけて総雨量が多いところで四〇〇～五〇〇ミリメートルの大雨となり、十月の月平均降水量の二倍以上と言われました。被害状況は以下のとおりです。

被害状況（栃木県：栃木県ホームページ「栃木県の災害資料」）

死者	四人
負傷者	二三人
住家被害	
全壊	八三棟
半壊	五、二五二棟
一部損壊	八、七四四棟
床上浸水	三棟

床下浸水　一四〇棟

土木施設被害額　四一、三四七百万円（一、一二二件）

栃木県には九つの土木事務所があります。地域（土木事務所の管轄エリア）ごとの雨量と被害の概要を見てみますと、累計降水量五一二ミリを記録した奥日光を管轄エリアに持つ日光土木事務所では時間雨量でも五二ミリを記録していますが、幸い人的被害は報告されていません。同管内の今市では最大一時間降水量七〇ミリを記録しているので、かなりの雨が降ったものと思われます。隣接の矢板土木事務所管内でも累計四二〇ミリ、時間五〇ミリを超える非常に激しい雨が観測され、七二軒の床下浸水が発生しています。県北東部から中部にかけては累計降水量で三〇〇ミリを超える雨、特に県都を抱える宇都宮土木事務所管内や隣接の鹿沼土木事務所管内では時間五〇ミリ前後の雨が降り、宇都宮で床下浸水が二九軒発生するなど多くの住家被害が発生しています。県東部から南部にかけて、累計降水量は二〇〇超ミリですが、烏山土木事務所管内で全壊家屋四二軒をはじめ、半壊や一部損壊の家屋が数千軒発生するほどの大きな被害が出ています。公共土木施設では県南西部の鹿沼、安足、栃木の各土木事務所管内で、件数にして二〇〇前後、査定額にして六〇億円から百億円に迫る大きな被害が発生しました。地勢を踏まえて被害の状況を推察するに、北西の山間部で降った大雨により、中南部の公共土木施設や家屋に大きな被害をもたらしたことがわかります。特に被害の大きかった地域としては鹿沼土木事務所管内と安足土木事務所管内があげられ、河川堤防の決壊や鉄道橋の流失などの甚大な被害が発生しました。一方、他の地域に比して被害の小さかった地域としては真岡《もうか》土木事務所管内があげられます。

土木事務所長へのアンケート調査

和歌山県での紀伊半島大水害を対象とした調査の成果を踏まえ、現場における災害対応の課題を抽出することを目的とし、和歌山県と栃木県における災害復旧に対応する組織上の違いなどによる災害対応の特徴を比較するため、栃木県における公共土木施設の災害復旧事業を担当する地方出先機関の長である土木事務所長の状況判断や意思決定過程等に焦点を当てて栃木県調査を実施しました。

本調査の実施に先立ち、公共土木施設災害復旧事業の主管課である栃木県県土整備部河川課において、予備調査を実施しました。二〇一九年発生の東日本台風災害に関し、栃木県の災害対応状況を聞き取り、合わせて調査対象者を選定しました。

次にアンケート調査を実施しました。アンケート調査の対象者は二〇一九年東日本台風による災害発生当時土木事務所長であった方を中心に十名の方を選定しました。災害発生から年数が浅く、対象者は現役の職員が多かったことから、調査票は河川課を通じてメールで配信し、全員からメールで回答を得ました。アンケートの質問項目は二〇二〇年に和歌山県で実施した調査（二〇一一年紀伊半島大水害などの災害を対象とした調査）とほぼ同じもの（出先機関の位置づけと対象とする災害以外は同じ内容）とし、栃木県調査と和歌山県調査の結果を比較することで、現場対応の課題を抽出します。

アンケート調査の結果を踏まえ、東日本台風による被害や対応状況の違いなどからヒアリング対象者を抽出し、ヒアリング調査を実施しました。ヒアリング調査は災害対応における出先事務所の主体的活動や本課あるいは地域ステークホルダー（200頁参照）との関わりを明らかにすることを目的に、東日本台風時の土木事務所長を対象に実施し、事務所内のマネジメントや事務所と本課・建設業界・地元関係者らとの関わり方などについて尋ねました。

栃木県調査の結果を整理します。

アンケート調査での、東日本台風時の災害対応で強く記憶していることという質問に対し、選択式では「土木事務所内の組織、人員、資機材に関すること」への回答が多くありました。この回答について具体的な内容を聞いたところ、広範囲の被害で初動時の対応が混乱したこと、災害が長引き初動体制から長期体制への切り替えに苦慮したこと、災害復旧を経験したことのない若い職員が多いこと、職員の健康やメンタルに気を遣うこと、現場に限らず通勤途上でも職員の安全確保に気を遣ったこと、人員が少ないために現地確認や応急対応が追い付かないことなど、現場の切実な意見が反映した結果であると思われました。災害対応で「うまくできたこと」については、事前に締結していた業界との災害協定が有効に機能したことや災害復旧に必要な資機材の調達が県内全域で計画的に進められたおかげで事務所独自に個別の調整をせずに済んで助かったことなどが回答されていましたが、出先機関の長としての対応というより県内全域での対応がうまくいったとして、まずあげられていました。また現場の対策として、主要な幹線道路について優先的に対策したことや所内の役割分担や毎日定時の報告を指示したことなどが回答されていました。「失敗または工夫が必要」への回答ではやはり事務所内の組織・人員・資機材に関することが最も多く、人員確保、業務の効率化、職員の健康管理に課題があると指摘されていました。他組織からの意見で「役に立ったと思うこと」としては建設業界からの意見をあげる方が最も多く、地元建設業者や市町村職員は発災現場に比較的近い場所に居住しているため、直後の現状や出水状況の情報が得られるとか、地域の守り手として献身的に活動したことなどが挙げられました。「困ったこと」として地元という回答が多く、地元から五月雨式に寄せられる情報に職員の対応が追い付かないとか、特定の住民の方から頻繁に長時間にわたる電話があったことなどが回答されていました。またヒアリング調査では、得られた意見を体制・参集、建設業界、本課との関係、市役所・地元自治会、災害の経験、その他の六つの観点で整理することができました。

栃木県と和歌山県　調査結果の共通点と相違点

栃木県と和歌山県の調査結果を比較しました。

まず、和歌山県調査の成果として抽出された災害対応時に必要な五つの要素（スピード、コミュニケーション、インフォメーション、プランニング、プレゼンテーション）が栃木県での調査結果においても当てはめることができるか検討しました。うまくいったことの例として主要な幹線道路の対策を重点的に行い翌日夕方までに通行可能としたことをあげるなど、「スピード」を気にかけていることがわかります。従来の建設業協会との協定などの制度活用に加え、平成二十七年の関東・東北豪雨以来、訓練や意見交換の実施など平時からの「コミュニケーション」の確保に務めているとのことで、令和元年の災害時にも情報収集や応急対策など協会と連携して取り組んだという意見がありました。被災状況を把握するためのドローン活用の有用性や地元・市町村からの情報の活用など「インフォメーション」の重要性に言及しています。「プランニング」に関して資機材の調達や応急復旧工法など計画に関わる意見が多数見られましたが、栃木県の場合ではそのことが本課との関わりや本課による方針の決定過程とともに提示されていました。「プレゼンテーション」に関しては、和歌山県の場合と同様準備段階から市長や自治会長などに復旧工法など十分に県の考え方を伝えることで、その後の事業が順調に進んだとの意見がありました。これらの事例から、本課と出先機関の関係などの体制や地域ステークホルダーとの関わりに関して多少の相違は見られるものの、災害対応時に必要な要素として抽出した五つの言葉はそのまま適用できるものと考えられます。

続いて、栃木県と和歌山県での共通点と相違点を整理しました。共通点が二点あります。一つ目は出先機関の長として組織内の人員・資機材等に多くの意識が向けられているということ、また二つ目は現場対応にあたり、建設業界との関わりが非常に重要であるということです。一方、和歌山県で強く意見があった本課や地域ステークホルダーとの関わりについてのとらえ方に相違点があると言えます。例えば、被災現場の復旧方法に関して、和歌山県では出先事務所から本課に意見するという状況が見られましたが、栃木県では本課主導の関係性が顕著でありました。もちろん災害対応は全県的に取り組まなければいけないものですが、個々の現場では現場の判断に任せなければいけない場合があることもヒアリング調査の中で示唆されています。また、地域ステークホルダーとして、市町の防災部局や地元自治会等との関わりについて、和歌山県調査では地元の意見としてかなり意識されていましたが、栃木県の場合にはアンケートやヒアリングでもあまり取り上げられていませんでした。こうした事例については組織間関係や出先機関の長の意思決定過程等に関するさらなる検証が必要であると考えました。

また、栃木県と和歌山県の調査結果の比較から、三つの特徴が整理できました。一つ目は「平時から準備された制度の活用の課題」です。建設業界との連携を図る制度などを有効に活用するために、災害時の現場の組織間関係を築く意識が必要であることを指摘しました。二つ目は「本課と出先機関の関係性」について、栃木県での調査から本課主導の執行体制によって県内全域におよぶ災害対応がうまくいったという意見がある一方で、課題も指摘されました。土木事務所から本庁に対する強い信頼感は、本庁への依存度の高さを表すものとも言えます。被害がもっと甚大であればどうなっていただろうか、被害が広域に及ぶ場合に本庁はうまく調整してくれるであろうか。状況を見極めつつも現場への権限委譲の検討が必要であると考えられます。三つ目は「経験の継承」について、こんな被害にはこのような工法が有効ですよといった、技術の継承のみならず、自分たちはこんな災害を経験して大変な苦労があったよねといった災害対応の経験そのものの継承も望まれていることを指摘しました。「災害は忘れたころにやってくる」とはいうけれど、経験がない、少ないと思い込んでしまうことの危険性というのもある気がします。

四．現地指揮者の意思決定過程と権限委譲

災害対応におけるマネジメントシステムとして米国の連邦危機管理庁（FEMA：Federal Emergency Management Agency）で採用されている危機対応システム（ICS：Incident Command System）を紹介し、日本の危機管理に導入すべく多くの研究が進められています。例えば、近藤民代ら[11]はこの米国の危機対応システムの「目標による管理（Management by Objective）」の視点から組織・体制やその運営・機能を分析しています。そして、目標管理型の災害対応を「定期的に対応計画を作成する」「測定可能な目

標を設定し、定期的に災害対応業務をチェックして改善する」「権限委譲を行う」という三つの基準を満たすことであるとしています。

これら三つの基準のうち、「定期的な対応計画の作成」と「目標の設定と定期的な業務のチェック・改善」については、阪神・淡路大震災以降、多くの災害経験から各自治体の災害対策本部の運営にあたり活用されているところです。しかしながら、もう一つの重要な柱である「権限委譲」に関しては、現地での執行の権限を出先機関に任せるとか、様々な組織が支援に協力する中で災害対応の一部の権限執行をお願いするといった事例が報告されているものの、何らかの基準があってシステマティックに取り組まれているわけではなく、その実態に関して十分な議論がなされているとは言えない状況です。そこで和歌山県における災害事例を対象に、県行政の出先機関への調査等から災害現場における権限委譲の実態と課題を明らかにします。また、権限委譲の課題解決には、地域ステークホルダーと県行政機関との関わり、あるいは現地指揮官による状況判断や意思決定過程を検討する必要があります。そのためには「組織論」によるアプローチのみならず、「組織間関係論」さらに「組織行動論」として捉え議論する必要があることを提示します。

権限委譲の実態

まずは権限委譲に係る問題意識を整理します。

災害復旧における現場対応についての研究として、永松伸吾ら[12]は東日本大震災での南三陸町を事例として、応援職員の組織運営の状況を研究しています。また山本一敏ら[13]は熊本地震の調査から自治体技術ていきます。

職員特有の課題や支援組織との協働の課題を指摘し、外部の協力を得ながら限られた資源を集中させ、効率的に対応できるようにすることが必要と提言するなど、組織間関係の評価につながる研究がなされていきます。

また権限委譲をテーマに含む研究としては、指田朝久ら[14]は米国のハリケーン・カトリーナ災害での対応の実例から、連邦政府から派遣された職員は事前に緊急支援業務（ESF：Emergency Support Function）が定められていて、業務遂行にあたり職務権限が委譲されていることを紹介しています。また、河本尋子ら[15]は東日本大震災の事例から、流動的な状況下での柔軟な対応を実現するべく、業務によっては要所をおさえながら現場（応援職員）に権限委譲することが必要としています。

これら先行研究に示されるように、制度としても実務上も権限委譲が必要であることが示されていて、様々な災害現場で実際に応援組織という形で権限委譲が行われている例があるものの、米国の危機対応システムや緊急支援業務で示されるような制度の運用としては議論されていないのが現状です。また、実際に現場への権限委譲を円滑に実施するには現場のトップによる意思決定過程が重要な要素なのですが、組織行動としての議論は全くと言っていいほどなされていません。

そこで、先行研究を基に権限委譲にはどのような形態が考えられるのか、類型的に整理することにしました。

まず類型Ⅰとして、単一組織内における指揮命令系統の明確化があげられます。これは危機管理上トップ不在の場合の意思決定権に関し、優先順位をつけて事前に職務代行者を決定しておくことですが、緊急事態発生時にたまたまトップが出張で遠方にいる場合など、緊急を要する意思決定事項を在席の職務代行者に権限を与えて執行するものです。また、トップ不在でなくても、職務効率化の観点から、下位の職に専決権を与えたり、職務を分掌したりということが行われます。しかし、これらは組織をまたぐ権限委譲は発生しません。

類型Ⅱは指揮本部から現場への権限委譲です。多くの研究では、米国の危機対応システムの場合、現場レベルで進める業務の方法や内容はかなりの程度で緊急支援業務として現場に任されていることを紹介しています。

類型Ⅲは応援による災害関連組織への権限委譲です。緊急消防援助隊や国土交通省の緊急災害対策派遣隊（通称：テックフォース〈TEC-FORCE〉）など、機能的応援として応援部隊が単独チームで特定の地域における特定業務の執行を任される場合があります。米国の緊急支援業務（ESF：Emergency Support Function）の場合、連邦政府から派遣されたESF組織は地方政府の指揮下に入り、最終的な意思決定権限は地方政府の指揮本部長が有しているものの、緊急支援業務ごとの専門性を尊重し、指揮本部長の役割はESFごとで設定された目標への修正、承認にとどまっていたことが報告されています。一方で日本の場合、派遣されたチームがどの指揮下に入るのかは不明確であると指摘されています。

類型Ⅳは応援自治体等による拡張型組織の事例です。現場の指揮命令系統に変更がなく、人的派遣により単に組織の人員が増えただけとしてとらえられる場合は権限委譲とは言えませんが、組織の形態によっては権限の所在について様々なケースが紹介されていて、権限委譲と考えられる場合もあります。類型Ⅲの機能的応援もこの拡張型組織の発展したものの一つとしてとらえることができると考えています。

類型Ⅴは地域関連組織との連携を想定しています。自律した組織と組織の関係で、共に活動することは、形式上「連携」とか「協働」などと表現します。例えば、災害復旧事業を担当する行政組織と自治会などの地域関連組織とは本来の指揮命令系統が異なります（そもそも自治会に対して指揮命令という言葉がなじむかどうか疑わしい）から、権限委譲とは無関係であると思われがちですが、地域で多種多様に存在する関連組織との関係が災害時には特に濃密になることから、現場では組織間を調整する組織が必要となり、行政組織に対して組織の内外から何らかの権限が付与された状況となることが想定されます。類型Ⅱのケースの権限委譲が発生する原因の一つとも考えられます。

災害時、組織は有機化する

権限委譲の形態について整理したことを踏まえ、公共土木施設災害復旧事業の現地対応における課題について、さらに組織の形態（組織論）と他組織との連携（組織間関係論）、権限の所在（組織行動論）の観点から整理します。

組織論というのは、桑田耕太郎・田尾雅夫著『組織論』によりますと、「現代社会の基礎的構成要素としての組織を対象とし、その行動や構造、変化のメカニズムを解明する学問」であるとされています。本来、県庁という組織が施策を推進しようとする場合、地域ステークホルダーなどとの関わりは外部環境としてとらえて、組織は外部からのストレスをいかに効率的に内部で処理し得るか、あるいは処理できるような組織構造とはどのようなものかを検討することになります。しかし、災害など社会環境の不確実性が高まると組織が有機化するとされます。有機化というのは組織内の分化が進むことも一例として挙げられますが、外部環境との関係が変化することも指摘されるところです。その場合、本来自律的であるはずの複数の組織の集合体を取り扱う必要が生じます。このことは組織間関係論として議論されます。災害時の現場対応の場合、県の出先機関を中心に、県と地域ステークホルダーの関係や出先機関と本庁などの関係について、平常時から災害時の関係性の変化に関する議論が必要となります。さらに組織はその中の人々の様々な行動によって活動することを踏まえると、災害時の出先機関における様々な重要な意思決定には出先機関の長たる個人の経験や期待・信念に基づく判断や行動が重要な要素を占めると考えられます。このような組織の中の人間行動については組織行動論として扱われます。

災害対応における組織及び組織の中の人の行動を考えるために、まず、平常時と災害時の業務の違いを整理する必要があります。道路部門における災害対応に関わる本庁と出先機関の役割分担を和歌山県の事例を参考に、平常時については各課で作成の事務分担表、災害復旧事業については公共土木施設災害復旧事業費国庫負担法及び国土交通省資料、大規模災害時等については県全体で基準・様式を定めて各担当部署で担当業務に照らして作成している職員行動マニュアル等をそれぞれ参考にして整理しました。

平常時において予算の要求・配分はじめ、全県に関わる方針や計画の策定は本庁の業務となっていて、一方の出先機関は本庁の方針・指示に基づく現場対応が主たる業務になっています。災害が発生した場合、緊急時の対応として出先機関は現地の調査や対策を行い、本庁は情報収集を行い、必要に応じ関係機関に報告・周知するといった業務が事前にルール化されていて、それぞれ組織的に対応することになります。

道路施設が被災した場合は「道路法」や「公共土木施設災害復旧事業費国庫負担法（負担法）」に則って業務が進められます。負担法に基づく災害復旧事業は当初予算で想定された範囲内において、国との事務的な手続きを除き、出先機関に業務のほとんどが任されています。しかし、災害が大規模または広域となり、新たに補正予算を組まなければ対応できないとか、負担法の採択要件に合致しないなどの場合には、本庁として改めて災害対応の方針を立てて、出先機関に指示します。そして出先機関はそれらの方針・指示に基づき現場対応を行うことが業務として定められています。

和歌山県における出先機関（地域振興局建設部）の調査の結果では、建設部あるいは建設部長を取り巻く状況として次の四つの特徴が提示されました。

① 平常時と非常時では建設部長の立場が変わる
② 建設部長がコミュニケーションの要
③ リエゾンは組織の中へ支援は組織の外で
④ 経験の重み

これらの特徴を組織論、組織間関係論、組織行動論の観点から整理すると以下のとおりとなります。

まず、「平常時と非常時の立場」ということですが、平常時には建設部が本課の指揮の下で現場対応を行う組織として機能しています。しかし、建設部長が緊急対応として現場の指揮をとっている状況では、現場の状況をつぶさに把握し、適切な判断ができるのは自分しかいないとの意識から、現場の状況を判断し、意思決定をする環境、現場で何かしらの権限を執行する環境を建設部長自らが創出していると見てとれることを示すと考えられます。このことは和歌山県調査の事例では本庁から出先機関へ明確に権限を委譲したものとは言えませんが、権限委譲の形態における類型Ⅱに相当する事例と言えます。

続く「建設部長がコミュニケーションの要」ということについては、平常時には建設部が組織として他の組織と「情報共有」しながら業務を進めていますが、非常時にはそうした組織的業務に加え、一部の内容や相手が限定された上で、建設部長を中心とした「コミュニケーション」が業務を進める上で重要となることを示すものです。和歌山県調査では、建設部長として「コミュニケーション」の対象となる相手は、本庁の幹部、地元の地権者、あるいは建設業界の一業者と様々ですが、建設部長が地域関連組織との関係において、組織間の連携を図る機能を果たしているものと考えられました。このことは類型Ⅴを示すもので、建設部長自身が組織間の連携において調整役を果たしているものと見ることもできます。三つ目の「リエゾン」や「支援」というものは非常時特有の対策です。被災情報を集約する側に情報が十分に伝わってこないということはよくあることで、その業務を円滑化しているのがリエゾンです。一方、支援の場合、支援に来たチームが現場の手を煩わすことなく活動するか、逆に現有の人手を割かれるのかによって現場での受け止め方が異なります。リエゾンや支援は建設部（出先機関）にとって全くの別組織の行動としてとらえられています。権限委譲の形態では類型Ⅲまたは Ⅳとなりますが、これらの組織の指揮権がどこにあり、どこまでの業務が任されているのかを明らかにすることは重要な課題です。四つ目の「経験」に関しては、平常時には、本庁と出先機関の担当者協議の中で、お互い疑問に思うところを意見交換し、組織内での検討を含め相応の時間をかけて、問題点を解決しながら設計を進めていくというのがよくある方法です。しかし、非常時のプランニングという観点では設計や調査の実施が一刻を争う場合があり、疑問点がすぐに解決できないとしても次の一手を打つ判断が必要な場合があります。その場合、現場における即座の判断を助けるためには本庁、出先機関を問わず、多くの経験を活用する環境が必要であるし、また逆に個人の経験が結果的に判断を左右することもあると考えられます。このことは指揮官の判断・行動が組織の成果につながることを示すものと思われます。

和歌山県恋野橋の被災事例から

では、災害発生時に組織の出先機関が現場において、災害関連組織間の調整をどのように行っているのか、また本課から出先機関への権限が委譲されているのか、という現場の実態を具体的に明らかにするため、和歌山県の事例を調査しました。

調査の対象としたのは、県道橋「恋野橋」（橋本市）の橋面変状を発見したことが発端となる被災事例の現場対応です。発生した事象はシンプルですが、その影響度合いから多くの地域ステークホルダーを巻き込んだ対応を必要とした事例です。

恋野橋は和歌山県北部を流れる一級河川紀の川に架かる車道橋です。平成三十年十月三十日に道路の定期パトロールで橋面の変状を確認し、道路管理者が監視を始めました。その後、変状が拡大し、橋脚の傾斜を確認したため、十一月二日から橋梁を全面通行止めとし、同時に四キロメートル下流にある橋を迂回路と設定しました。被災の原因は八月下旬から十月上旬にかけて三つの台風が接近したことで、台風の豪雨による出水のために橋脚の基盤が洗堀（193頁参照）されたことによるものと思われます。橋周辺の生活圏の概要としては、左岸側一帯に人口約七百人程度の集落があり、一方、市の中心部は右岸側に広がっていて、鉄道、中学校、病院などの施設も右岸側にあります。被災した橋と並行して新恋野橋の建設が進められていたのですが、完成にはまだあと一年半ほどかかる予定であり、地域の交通手段を確保する対策が求められました。中学生の通学支援として、コミュニティバスの運行や先生・父兄による送迎、一般歩行者への対策として、六百メートル上流にある水管橋の点検路を利用した歩行ルートの確保、無料タクシーの運行など考え得る対策を実行しましたが、緊急車両のことを考えると、被災した橋の近辺での仮設ルートの検討が必要ということになりました。検討における関係者としては市役所はじめ、学校関係者、地元自治会、地権者、交通機関関係者その他のステークホルダーの意見を調整する必要がありました。もちろん仮設ルートのために新橋本体の工事が遅れるようでは本末転倒ですし、倒れかけた旧橋を放置しておいて被害が下流域に拡大することも避けなければなりません。そうした諸々の検討を短期間で行うことが求められました。

この時の建設部の活動状況を調査し、本庁と建設部の役割分担や建設部への権限委譲の実態を明らかにするため、この状況に直接かかわった県庁の幹部と出先機関の幹部を対象にヒアリング調査を実施しました。調査項目は以下のとおりです。

ヒアリング調査の項目

① 初動における情報の扱い
② 緊急・応急対応（状況判断と意思決定）
③ 権限委譲（役割分担、出先に任せるべきもの）
④ 地域ステークホルダーとの調整（関係性）
⑤ その他災害対応に関して思うこと

調査の結果、特に、緊急・応急対応状況や、本庁と出先機関の役割分担等に関する意見をまとめることができました。

被害の拡大が観測された後は、即座に橋梁を通行止めとし、合わせて迂回路の設定や関係者への連絡等が適切に行われたというのが、本庁、出先機関双方の共通認識でした。その中で本庁幹部は周辺の社会情勢を踏まえた今後の状況の推移について思考しているのに対して、出先機関では二次被害に対する配慮がないまま現状の把握に努めていたという当時の状況についても話がありました。出先機関としては災害対応のマニュアル（水防業務マニュアル、大規模災害等を想定した職員行動マニュアルなど県全体で基準・様式を定め各担当部署・機関ごとに担当業務と照らして作成された業務のマニュアル）等に則って、災害発生時の業務として決められたものを順次組織的に対応した段階ですが、本庁から見れば、建設部は将来予想を甘く見ていると評価していて、正常性バイアスが働いたのではないかという意見でした。つまり出先機関では、自分にとって都合の悪い情報を過小評価することにより、これ以上の被害の拡大は起こらないだろうと思い込んだ行動をとっていたとのことです。

仮橋に関しては、架設位置を含め、国道へのアクセスルートについて一旦県案が検討され、地元説明会を行ったものの、アクセスルートが地元で否定されたために仮橋架設位置を変更せざるを得ないという事態となりました。本庁では建設部と一緒に検討を進めたとの認識がありましたが、出先機関では現場でできることをこなしていくといった対応だったようです。現場の意識としては、予算編成（補正予算）を伴うであろう業務は自分たちの業務の範疇外と考えているようであり、おおまかな方針決定は本庁主導で進められる状況が如実に感じられました。

仮橋の位置決定等計画策定の過程で、出先機関からすると本課との調整と地域ステークホルダーとの調整が別個に並行して実施されていた様子が見られました。特に地域ステークホルダーとの調整では、過去のいきさつや地域の思いを踏まえた対応が必要であること、平素からコミュニケーションをとって協力体制を作っておかなければ災害時の対応はうまくいかないし、そうすることでさらに難しい問題に対応できること、などが指摘されました。このような現場対応における出先機関と地域ステークホルダーの間の関係性については、出先機関が自律的に進めたものと考えられます。

災害対応の権限、役割分担に関し、出先機関主導であるべきとの認識で双方共通していました。その前提で、本庁の役割として、本庁幹部からは対外的な調整と出先機関が持たないツールの提案という二点が指摘され、今回の場合は仮橋を利用した迂回路の提案とその調達がまさに本庁の役割として挙げられました。一方、出先機関幹部が指摘する本庁の役割としては、予算の確保、スケジュール管理、国への協議の三点が指摘されました。特にスケジュール管理に関し、出先機関では職員の過重な業務を考えて、どうしても甘くなるとの意見があり、このことについては本庁幹部からも同様の指摘がありましたが、建設部を自律した組織としてとらえた場合、スケジュール管理に不安をもつことには問題があると言わざるを得ないと考えられます。よく言われる議員からの圧力的な要望に関し、今回の事例ではそうした要望等はなく、むしろ地元住民の意見を代弁してくれる立場で調整を図ってくれたとのことでした。また、本庁幹部からの「人によって状況が違ってくる」との意見や、出先機関からの「災害は瞬時に判断して瞬時に動く」ことが求められるという意見は、災害対応が出先の幹部の資質や行動に大きく左右されることを示す意見であると言えます。本事例では出先機関の長は大きく三つの大事な判断をしていると思われます。一つ目は現況の橋を通行止めにすること、二つ目は諸調査の結果や土地利用状況を踏まえて仮橋の位置を調整し提示すること、そして三つ目は地元意見を尊重してアクセス道路と仮橋の位置を決定するということです。そのいずれにおいても検討会を設けて第三者の専門的意見を聴取しながら進めるなど段階を踏んで検討するという時間的余裕はなく、しっかりと状況を見つつ、経験に基づく迅速な判断が求められたのではないかと思われます。

現場での意思決定と組織間の調整

この事例における現場での意思決定過程を整理し検証します。

整理にあたりマネジメント手法としてウーダループ（OODA loop：Observe-Orient-Decide-Act）を適用しました。危機管理マネジメントでよく用いられる手法としてピー・ディ・シー・エーサイクル（PDCA cycle：Plan-Do-Check-Action）が知られています。ピー・ディ・シー・エーサイクルはもともと品質管理から生まれた手法で、業務の継続的な改善を図る意思決定モデルとして、災害対策では津波防災計画や業務継続計画などの策定・運用で用いられていて、本事例においても県という組織全体の対応としては「計画（Plan）」して「実行（Do）」し、その実行した内容を「確認・評価（Check）」して課題を抽出し「改善（Action）」するというサイクルでマネジメントするべきであると考えられます。一方、ウーダループは、もともとアメリカ空軍の軍事戦略家が提唱したモデルで、変化する状況を「観察（Observe）」し、それぞれの状況に応じて「状況判断（Orient）」のうえ、随時かつ柔軟に「意思決定（Decide）」を行い「行動（Act）」する概念とされていて、限定的な情報しか得られない環境下での意思決定手法として緊急対応などの場面で多く引用されるようになってきました。災害という不確実性下で状況判断や瞬時の行動に重点をおく手法として、また県の権限を執行するにあたり現場を前にして迅速な意思決定を行うという観点からも、現場対応のマネジメントを扱う今回の検証に適当であると考えられます。本事例における意思決定過程では、災害復旧過程として一過程、ウーダループとして四過程の計五過程が想定されます。災害復旧過程としては、被災した旧橋をそのまま放置すると危険であり、新橋の建設にも影響しかねないことから旧橋の撤去を意思決定し、工事を推進する過程です。ウーダループの過程ではまず緊急対応の過程、次に県としての方針を決定する過程、三つ目は関係者との調整の過程、四つ目は調整後の執行に向けての意思決定過程と考えられます。それぞれの過程で行動を起こすことにより、更なる課題が顕在化し、次のループ（意思決定過程）が展開されます。

災害復旧過程及び緊急対応過程と方針決定の過程は県全体の災害対応の中ではピー・ディ・シー・エーサイクルの一部として計画策定から実行への過程であると見ることもできます。一方、課題の顕在化については次のウーダループの観察の段階であると見ることもできますが、あくまで課題は次のマネジメントのきっかけととらえ、また、ピー・ディ・シー・エーサイクルでいう確認や改善といったマネジメントの過程を踏まえたものでもないことからウーダループの外付けに整理できると考えています。

県の出先機関にとって地域ステークホルダーと想定されるものとして、市町村、建設業事業者、教育関係組織など様々な組織が考えられますが、本事例における三つ目の調整の過程において最も重要な地域ステークホルダーとして協働されたのは地元自治会です。地元自治会は地域の社会環境を熟知しているのみならず、事業を進めるにあたり必要な借地等において、地権者と最も近い存在でもあります。そのため、県としては、県の計画を理解してもらうことはもちろんですが、災害対応という急を要する事業の中では県と地元自治会との協働関係は欠かせません。本事例においては県の提示した仮橋の計画が地元説明会で否定された後、速やかに地元としての意見がまとめられ、県に対し要望書という形で逆提案されたという経緯があります。従来地域ステークホルダーは組織にとって外部環境として認識され、そのストレスを組織内部でどのように処理されるかが組織マネジメントの要素と理解されています。しかし災害対応では、本来は相互に自律的である組織間において相互に依存的である場合があります。

山倉健嗣著『組織間関係』によると、組織間構造の形態として、相互調整型（非公式影響力によって調整）、同盟型（組織間交渉を通じて合意された協定によって調整）、階層型（公式権限によって調整）があり、さらに同盟型組織間構造は、組織間調整が当事者間で直接に行われるのか、第三者的媒介機関あるいは中央管理組織によって行われるのかによって、連合型と連邦型に区別することができるとされます。本事例の県出先機関と地元自治会の関係は、両者の間で直接的に意見交換をし、仮橋の設置位置をはじめとする迂回ルートの設定等の対策が進められたことから、上記でいうところの連合型に分類できるものと考えられます。また、別の事例では県と市町村の間で役割分担をしたり、別組織との調整を第三者として市町村や地元選出議員等に依頼したりする場合が見られますが、これらは組織間構造の発展段階ととらえることができることから、災害対応の目標に向けての様々な組織の立場や状況を踏まえ、それぞれの組織における権限の所在と内容を含め、柔軟な発想で調整を行っていくことが必要となることがわかります。

五．組織間関係論と組織行動論

災害対応では、いつどこでどのような被害が起こり、どのように状況が変化するのか予測することは困難です。そうした不確実性の高い環境では権限は分散化され、より現場の問題発生に近い点に委譲されると言われます。つまり組織は有機的になるということです。また、地域ステークホルダーとの協働関係に見られるように組織間の調整が必要となり、複数の組織による組織化あるいは諸組織を調整・媒介する組織の存在が要求されることもあります。本章で取り上げた恋野橋の事例では地元自治会との協働関係の中で組織間調整が行われた実態を紹介しましたが、災害時には意思決定の負担が平常時以上に出先機関の長にかかることを示しました。

和歌山県調査の結果（本章第二節参照）にあるように、「支援は組織の外で」というのは建設部が支援組織への権限委譲を期待する意識の現れとみて取れますし、「建設部長がコミュニケーションの要」であるとか「経験の重み」といったことは組織間調整の必要性を示すものであり、建設部長がその調整の媒介組織として期待されることを示唆するものです。このことは建設部長の行動が組織の成果の優劣につながることを示唆したものとも言えます。

現場での難しい問題に対応するためには地域ステークホルダーとの協働体制が必要です。地域ステークホルダーとは利害関係者のことで、平常時であれば外部環境として、県が作成した計画にそれぞれの立場で客観的に意見を求めるなど、ある程度の距離をもって対応できるはずです。その地域ステークホルダーが協働する組織となるということは共に計画を作成しようというわけですから、相手が自律した組織である以上こちらも自律した組織でなければ調整業務が成り立たないでしょう。出先機関が災害時に自律した組織として活動するためには、一つには組織としての大きな方針が幹部だけのものではなく、組織全体に共有できていなければならないし、また今一つは出先機関が単なる現場処理チームではないことを意識して、平素から自律した組織としてのあるべき姿を希求することも有効だと考えられます。組織構造としては地域の問題は地域の関係者で解決するというスタンスで、具体的には地域振興局のように権限を地域に委譲する制度をもっと活用することが必要であるかも知れません。

本調査において、組織の意思決定過程を検証するにあたりマネジメントシステムとしてウーダループを採用しました。出先機関幹部の意見にあるように、災害という環境では「瞬時に判断して行動」しなければならない場合があり、特に本事例では、方針（仮橋の設置）の決定後、地域の社会情勢を踏まえ仮橋の速やかな設置が求められる中、現地調査、計画策定、地元の意見聴取・調整、設計などを同時並行して速やかに行う必要があり、ウーダループを適用することは有効であったと考えられます。また、大きな流れを掴むというよりは個々の行動を捉えるのに有効であることも理解できます。しかしながら対象が公共の社会基盤であることを踏まえると、大局的には大きな目標が達成されたかどうかという視点は重要ですし、あるいは目標達成のための軌道修正が必要となる場合もあります。こうした事後の確認や業務の改善（ピー・ディ・シー・エーサイクル）という視点をもって検証することが必要であることは当然です。出先機関の組織としての建設部がウーダループに則ったマネジメントで迅速かつ適切な対応をしたとしても、県という組織のマネジメントの一環として取り込んでいく必要があると考えられます。

また今回の調査の事例では、明確な権限委譲が行われたわけではありません。災害復旧における方針決定、計画策定、予算配分、事業（工事）の各段階において、方針決定と予算配分は明らかに本庁の業務として、本庁の権限の下で執行されるものです。事業（工事）の執行に関しては県庁組織の現場処理チームとして、そもそも出先機関の業務ととらえられます。そこで権限委譲の対象となり得るのは計画策定の段階ということになります。本事例の場合、地域の社会情勢を鑑みて仮橋の設置が必要との方針決定があったわけですが、一方で雨量や河川水位など事業の採択要件に照らすと、負担法（公共土木施設災害復旧費国庫負担法）に基づく災害復旧事業として扱うにはかなり高度な判断を必要とする対応に迫られています。このことは本庁幹部の発言として「本庁と建設部が一緒に、できることを探りながら」対応したと表現されていることでも理解できます。しかし、出先機関としては本事例が負担法に基づく災害復旧事業には当たらないとの前提に立ち、本庁からの指示がない状況では仮橋の設置に関する調整を自らの業務としてとらえきれない様子も理解できます。そのため、対応の初期段階では新たな迂回ルートの検討に対する地域ステークホルダーとの協働の意識が薄かったのではないでしょうか。

本事例は権限委譲の形態の類型化における類型Ⅱ（指揮本部から現場への権限委譲）に相当するケースとして考えられますが、仮橋設置というおおまかな方針が出た段階で、本庁と出先機関の役割分担を明確にし、計画策定の権限が出先機関にあることを宣言していれば、よりスムーズな地元調整が図られたのではないかと考えられます。

昔『踊る大捜査線ザ・ムービー』（一九九八年公開）の映画の中で織田裕二さん演じる主人公青島刑事が発した「事件は会議室で起きてるんじゃない、現場で起きてんだ」という名セリフがあります。「被害は現場で起きている」とでも言いましょうか。どんなに努力して工夫したとしても、また、どんなに情報伝達システムが進化したとしても、本部に伝えようとしても伝わらないニュアンスは必ず発生します。動きながらしか見えない景色もあります。現場を信じて任せなければいけない場面は必ず出てくるでしょう。だからこそ、ヒエラルキー型組織であっても現場の自律性や組織を構成する職員の行動を織り込んだ体制・対応が必要となります。

六．権限と責任

さて、前節では権限委譲の可能性について組織行動論的な視点からお話しましたが、権限委譲について整理するには、まず組織間関係における権限と責任の所在について検討する必要があります。『広辞苑』によりますと、権限とは「公法上、国家または公共団体が法令の規定に基づいてその職権を行いうる範囲」であり、責任とは「人が引き受けてなすべき任務」とあります。つまり権限の範囲の中で実行される任務については当然の責任が発生することになるのですが、現実には「上司は権限を振りかざすが、いざという時には全く責任を取ってくれない」といった表現があるように、権限と責任の関係は人あるいは組織行動に依存するであろうことが想定されます。ここでは単独組織内の権限と責任というより、組織間における各組織の立場と権限・責任のあり方を考えます。

まず、二つの組織が強い上下関係にあるか、対等な関係にあるかという状況で分類します。強い上下関係というのは、二つの組織は大きな意味では同じ組織であり、平常時における県庁組織の本庁と出先機関の関係と捉えることができます。権限と責任が上位にあるか下位にあるかで、権限が上位にあって責任も上位にある（Ⅰ）か、下位にある（Ⅱ）か、権限が下位にあって責任が上位にある（Ⅲ）か、下位にある（Ⅳ）かで、四通りに分類できます。「上位が権限を振るうが責任はとらない」といった場合（Ⅱ）、そこに課題があるとすれば、強い上下関係が前提として、組織デザインや組織のリーダーシップなど組織内問題として解決を図ることになります。一方、全く対等な関係（Ⅸ）であるとき、権限も責任も各々自律しているのですから、それぞれ他方の組織から受ける影響は外的ストレスとして取り扱われるでしょう。緩い上下関係というのは、業務上の関係で上下関係は明確ですが、組織上は自律している親会社と子会社のような関係（Ⅴ）、あるいは組織上は対等であってもそもそもの体力差（組織の規模等）から体力のある方の影響力が強くなる県と市町村のような関係（Ⅵ）が考えられます。また、並立関係とは対等な組織が部分的に業務上の強い協働関係が発生し、その調整を第三者が行う場合を想定しています。権限を第三者が行使するのに対し、責任の所在が第三者にある（Ⅶ）か、それぞれの組織にある（Ⅷ）か、で分類します。

災害という不確実性の高い場合には組織が有機化すると言われます。組織が有機化しても、米国での災害対応の場合は権限と責任の所在が明確化しているのに対し、日本での災害対応の場合は権限と責任の所在が曖昧なままであることが多いと考えられます。それは日本の場合、権限や責任の所在が明確にされないままに緩い上下関係や並立関係が受け入れられてしまうところにあると思われます。災害時には多様な組織が多様な関係をもって連携しなければいけないことを考えると、その関係がどういうものであるかは権限と責任の関係で整理することができます。今後、権限委譲を前提に出先機関の活動を考える必要があり、組織行動の影響を取り入れようとしたとき、そもそもの組織の権限と責任の所在について明らかにしておくことが肝要と考えられます。

災害対応の現状において権限委譲の状況を呈している事例が多いことは既に述べました。その権限委譲が有効となる条件として考慮すべき視点には、次の三点が考えられます。

①　出先機関と地域ステークホルダーの相互依存性

② 本庁と出先機関の関係性

③ 出先機関の長の時間展望を考慮した組織行動

この三点についてさらに検討します。まず、出先機関と地域ステークホルダーの相互依存性です。それぞれの組織の活動の中で他の組織の活動が外的環境として客観的に評価できる場合や、お互いの窓口を決めて直接的に調整することが可能である場合は良いけれども、何らかの中立的な調整機能が必要となる場合は、調整窓口の当事者に相応の権限が与えられなければならないでしょう。平時であれば全く自律した組織が、災害時には調整機能を通じて何らかの依存性が生まれることとなり、その依存性の度合いが強いほど権限委譲の有効度が高まると考えられます。

二つ目は本庁と出先機関の関係性です。指揮・命令機関と執行機関と割り切って活動できる場合は良いけれども、本庁と出先機関が相互に自律した組織として扱われなければならない場合、例えば法律の解釈に強い組織と現場の差配に強い組織といった場合など、各々の組織を対等な関係と考えるべき状況が起こり得ると考えられます。また、調査では和歌山県の振興局制度と栃木県の土木事務所制度を比較しましたが、本庁と出先機関の関係が強い（土木事務所制度など）ほど本庁の指揮・命令が強く伝わることはもちろんですが、現場での課題が多様であればあるほど、本庁のいくつかの部署を集約した形（振興局制度など）での権限委譲の必要性が高まります。

三つ目は出先機関の長の時間展望を考慮した組織行動です。単に経験だけではなく、時間展望として認知、感情・評価、欲求・動機といった個人行動の側面を考えた場合、どのような要因が行動に影響を与え、組織に影響を与えるかを考える必要があります。

権限を委譲するというのは実は難しい問題です。組織の上の方の人は「すでに必要な権限は委譲しているよ」というに違いありません。だけどそれは、いたって個人の努力で補っているということに気づいてください。

本章の冒頭、「不確実性」という言葉から始まりました。危機管理で未来の事を予測・想像して対抗策を準備することはものすごく大事なことです。でも想像を超えることなんて当たり前にあります。「ちょっとうっかりしていると瞬く間に事態が悪化して」なんていうことは災害対応に携わっていると茶飯事です。だから現場には任せられないなんて思うなかれ！　今起きていることを目の前で見ている人に頼って、判断と実行をお願いしてもいいんじゃないかなと思います。もちろん責任は負う覚悟で。

第四章　災害対応マネジメント

「不確実性」この先どうなるかわからん！　なんて言いましたが、災害が発生すると、土木行政ではまず被災した道路や河川、町のあらゆる施設を元通りに利用できるようにして、社会機能を復旧しなければいけません。「何言ってるの！　人命救助が先でしょ」と言われるのはそのとおりです。でも道が通れなければ助けにも行けないのです。だからこそ助けを必要とされる人・集落・社会機能を見極めつつ、土木屋は災害対応しなければいけないと思います。

地方行政でいわゆる公共土木施設の災害復旧事業を進めるには、昭和二十六年に制定された「公共土木施設災害復旧事業費国庫負担法」（通称「負担法」）という法律があります。負担法は、第一条（目的）に、「公共土木施設の災害復旧事業費について、地方公共団体の財政力に適応するように国の負担を定めて、災害の速やかな復旧を図り、もって公共の福祉を確保することを目的とする」とあるとおり、自然災害の発生により、地方公共団体が管理する公共土木施設に被害が発生した場合、国の支援によって速やかに復旧できるようにと定められた法律で、負担法による災害復旧事業の採択要件は次の三点となっています。

①　異常な天然現象により生じた災害であること
②　負担法上の公共土木施設で現に維持管理されていること
③　地方公共団体又はその機関が施行するもの

災害復旧事業の手続きとして、災害が発生した場合、十日以内に自治体から国に対して災害報告を行い、国庫負担の申請の後、三ヶ月以内（原則は二ヶ月以内）に災害査定を行います。国土交通省の研修資料によりますと、「災害査定とは災害復旧事業費の決定のための実地調査のことで、国土交通省には、災害査定に当たらせるために、災害査定官が置かれている。災害査定は、財務省職員が立会して行われ、少数の保留事案を除く大部分の申請案件について、工事費の決定がその場で行われている。このような取扱いが行われているのは、早期復旧という災害復旧制度の使命と申請箇所が莫大な数に達するという事業の特殊性によるものである」とされています。

災害査定を受ける側の地方自治体では、災害報告後、測量設計業界と協力しながら、速やかに更なる詳細な現地調査を実施し、災害査定に向けた設計図書を作成します。現地調査の成果や設計図書は本庁と出先機関の間で意見交換のうえ作成され、情報共有されることはもちろんですが、災害査定の現地に臨場するのは現場を管轄する出先機関の担当者となります。こうして実施された災害査定によって災害復旧事業の工法と事業費が被災した箇所ごとに決定することになります。通常の事業（道路建設とか河川整備など）では計画立案、予算要求、詳細設計、工事着手と最短でも三年ほどかかる手続きが、災害復旧事業であれば三ヶ月で完了してしまうことになるわけですから、現場をよく知る出先機関の責任は大変重大だと言えます。

一．負担法で対応しきれない事例

土木系部署の組織形態として、和歌山県のような振興局制度と栃木県のような土木事務所制度があることは既に述べました。全国的には四十七都道府県のうち、振興局制度をとっているのは十六、土木事務所制度は三十一（著者調べ）となっています。和歌山県においては、かつて土木事務所制度であったものが、地方分権の全国的な流れの中で、平成十年の組織改正により振興局制度へと移行し、従来の土木事務所を振興局建設部と改めました。それぞれの制度の組織的な違いは、振興局制度の場合は振興局を介して平時より地域ステークホルダーをはじめとする分野の異なる関係機関との連携が図られやすいのに対し、土木事務所制度の場合は本庁の指揮の下、個別行政が強力に推進されます。一方、災害時には現場における意思決定に大きな違いが生じるものと考えられます。出先機関の組織構造的位置づけとともに、振興局制度の場合は地域ステークホルダーを巻き込みながら現場での意思決定が行われるのに対し、土木事務所制度の場合、周辺との関係性が広がりを示しつつ、本庁による意思決定が大きく影響するだろうと考えられます。

また負担法により事業を進めるには、採択要件が決められていることは先に示したとおりです。この採択要件は、災害復旧事業の特殊性を考慮すると、至極もっともな条件であると思います。しかし、現実にはその条件にそぐわない災害事象は多々あります。例えば、雨の降っていないときに土砂災害が発生する、河川水位がそれほど上がっていないけれども橋脚が傾く、あるいは公共施設の被災が民間に影響するとか、公共施設と民間施設（民間管理地）がそれぞれ適正に維持管理されていたとしてもそれぞれの被害が相互に影響を及ぼす場合などがあります。さらに被災箇所の隣接地で民間施設が被災し、同時に復旧しなければ機能回復が難しいとか、あるいは被災箇所が複数の所管にまたがるなどにより、維持管理度合いの差の影響や施設の重要度、その施設に対する民間の介入の度合いなどによって調整が困難な場合などがあります。つまり負担法は、公共施設の被災が、別途異常と規定された天然現象との因果関係が明らかな場合、単独で被災したことを想定して作られたルールであって、なおかつ公共機関がその管理の範疇で対応することが前提となっているので、一部に二重採択の防止などの規定はあるものの、いわゆる複合災害などには対応できていないと思料されます。このように負担法で対応しきれない災害への対応を、組織形態を念頭に置きつつ検討します。

負担法で対応しきれない災害事例として三つの事象を整理しました。一つ目は台風による豪雨に伴う斜面崩落の事例です。崩落した斜面の上部には農道が建設されていて、道路を含めて被災しました。また、崩落土の移動先に家屋があり、人的・物的被害が発生し、当初から農道の盛土が被害の原因であるとの指摘もあって、被災原因の究明と責任の所在についての判断が求められました。二つ目は橋梁の被災事例です（前章でも取り上げた事例）。道路管理者が定期パトロールで橋面の変状を確認し監視を続けていたところ、橋脚の傾斜を確認したため橋を全面通行止めとし、同時に下流の別の橋を迂回路と設定しました。この被災した橋の直上流では新しい橋の建設が進められていましたが、完成には一年半ほどかかる予定であり、地域の交通手段を確保する対策が求められました。三つ目は県道沿いの山腹が崩落し、道路が崩土と巨石で塞がれ通行止めとなった事例です。崩壊した山腹は保安林に指定され、以前より地すべりの兆候があって治山事業が行われていました。山腹は更なる崩壊がいつ起こってもおかしくない状況で崩土除去のみによる通行再開は見込めず、早期通行確保のための対策についての判断が求められました。これら三つの災害事例で意思決定過程の検証を行った結果、いずれもウーダループ（観察—状況判断—意思決定—行動）に即した意思決定過程が観察されました。また、一つの意思決定がなされることにより、新たな課題が見つかり、新たな意思決定過程が生まれるというループの繰り返しも見てとれます。さらに、一つ一つのループがそれぞれのループの中で単純に完結しているわけではなく、ループ間で共通した活動、あるいは新たな意思決定に以前の状況判断が影響しているなどの状況があることも見てとれました（詳細は参考文献（1）を参照）。

こうした状況を詳しく検証するため、各災害事例を災害時に必要な五つの要素（スピード、コミュニケーション、インフォメーション、プランニング、プレゼンテーション）に即して課題を整理しました。そうすると、今回の三つの事例では災害対応で必要な五つの要素それぞれで何らかの課題が示されています。そのうえで、一つ目の事例では重要なポイントが被災者とのコミュニケーションであり、二つ目の事例では工費・工期の検討や社会環境への影響（交通弱者への対応）などを踏まえた仮設ルートのプランニングが最重要課題であり、また、三つ目の事例では幹線道路の利用者に対して、地元要望を踏まえた復旧計画を提示していくプレゼンテーションが最重要課題でありました。ここに改めて災害対応を五つの要素に振り分けて整理することが可能であることを確認しました。そして、災害対応で発生する課題の多様性と、それぞれの課題に対して、そもそもの重要度や対応の難易度、他組織や社会への影響度などに濃淡・強弱のある具体の内容が明らかとなり、ポイントを押さえた対応が求められ、また組織間関係の対象者や関係を構築する方法が変化することを理解しなければならないと考えられました。

二．階層型組織における組織行動

階層型組織における組織行動の展開について整理します。

私の研究対象は、地方自治体における本庁・出先機関・地域ステークホルダーからなる各組織と組織間関係、そして組織行動です。具体的には県庁の出先機関が災害現場でどのような状況判断からどのような意思決定を行っているのかという点にあります。調査を進めていく中で、現場の指揮者は様々な状況から悩み、考え、決断している様子が見られました。本来地方自治体は階層型官僚組織（ヒエラルキー型ビューロクラシー組織）であるとされます。しかし、一方で不確実性下の状況では組織が有機化するという研究成果もあり、田尾雅夫著『公共マネジメント』等によりますと、組織の有機化という問題は地方自治体も例外ではないことが提示されていますが、今回の調査から得られた成果でも組織の有機化を示す現象が確認できました。

従来の研究や報告では、県庁組織は本庁を中心に一括りに捉えられ、出先機関の活動に焦点があてられることはあまりなかったかと思います。しかし、災害対応は現場での活動が重視されることはもとより、出先機関が自律した組織として活動しなければならない場面も多く存在します。

調査を進めるうちに、出先機関を取り巻く問題・課題は単なる組織構造の問題ではなく、地域ステークホルダーとの組織間関係の問題として、また組織の構成員一人ひとりの行動の問題としてとらえていく必要があると判ってきました。

今回の調査・研究は気象災害（紀伊半島大水害）からの災害復旧の状況を検証することから始めましたが、現場における状況判断や意思決定がどのような状況で行われたかを明らかにすることは、今後、南海トラフを震源とする巨大地震を想定した災害復旧の現場対応システムを組み立てる上でも意義があるし、また、行政組織のみならず、広く一般の組織を取り巻く課題の解決にも寄与するものと考えられます。

このような観点に立ち、今回の研究成果を種々の理論に基づき体系的に組み立てるにあたり、出先機関を自律した組織として再認識することにより解決策として権限委譲を論じるとともに、時間展望を踏まえた組織行動として実践へと展開し、災害対応マネジメントへの提案を行っていこうと考えます。

三．組織の有機化

まず、災害時における組織の有機化という考え方を整理します。

桑田耕太郎・田尾雅夫著『組織論』によりますと、有機的管理システムとは、「変化が速く、不確実性が高い環境の組織では階層的な関係もあまり明確でなく、人々は有効な意思決定を行うために比較的自由に組織内を走り回る。権限は分散化されており、より現場の問題発生に近い点に委譲されている。」ことであるとして、不確実性が高まると組織は有機的になるとされます。また和歌山県調査において「平常時と非常時では建設部の立場が変わる」ということを示し、また、地域ステークホルダーを含む他の組織との関係性においても災害時特有の状況が現れることが示されたことは有機化の一例かと考えられます。

災害発生直後は状況の変化が激しく、また先行きがどうなるか予想が立たない状況であることが多く、まさに不確実性が高く組織が有機化する状況であると考えられます。では組織の有機化とは具体的にはどういう状況を指すのか、田尾雅夫著『公共マネジメント』によりますと「有機的とは、それぞれの部分に相応の勝手な判断を委ねることである」とし、「プロジェクト・チームやタスクフォースのような、ヒエラルキーに反する横断的な仕組みを臨時的に設ける」ことを例示しています。しかし、有機化するとは組織的にどのような状況が見られるのか十分に体系化して説明するには至っていないのが現状です。そこで、個々の組織における有機化として、「分化」「拡張」「連合」そして連合がさらに発展した「融合」の四つの形態を考えました。

河本ら[15]によりますと、災害対応では被災自治体の業務が流動的となり、その業務の変化に合わせた組織構造が必要となります。近藤ら[10]は新潟県中越地震における新潟県の災害対応業務の分析から、被災社会の状況変化によって時間の経過とともに組織構造が変遷したことを指摘し、蛭間芳樹ら[16]は県が組織の分化によって危機的環境に適応した事例として紹介しています（分化）。また、本荘雄一ら[17]は熊本地震における神戸市からの職員派遣の事例を調査し、応援自治体（拡張型組織）の特性を提示しています（拡張）。拡張型組織の組織特性として、迅速な意思決定を行うために、組織内をドメイン単位の部門に分化され、また、部門の自律性を高めるように、権限を部門に大きく委譲されることが望ましい、とも提言しています。永松ら[12]は東日本大震災での南三陸町での事例を調査し、自治体応援職員の現場での調整の問題について、組織内、組織間の調整が自発的な協力によって行われている状況があることを指摘しています。さらに、権限委譲の形態で示した地域関連組織との現場対応型多機能連携があります。役場や自治会など地域で災害に関わる多くの組織との連携が、外部環境として意見を聞くあるいは業務・事業の執行を依頼するというだけではなく、共に考え、計画し、実行するといった多機能の連携が必要となる場合があります（連合）。山本ら[13]は熊本地震において、建設業者や建設コンサルタンツ等を社会インフラ施設復旧の支援組織として捉え、自治体技術職員の応急対応と支援組織の協働の課題を調査しています。この地域ステークホルダーとの協働関係は組織間構造の形態から分類すると連合型と整理できることから、これも有機化の整理における連合の例と考えます。この連合型がさらに発展すると、それぞれが自律した組織でありながら、地域の中で企画・立案するにあたり、お互いの組織がボーダーレスの状況になる、あるいは仮想的な指揮命令権者が必要となる場合が発生すると考えられます。このような組織間の状況を組織の有機化が進化した状況と捉え、融合と整理します（融合）。ここで「仮想的な」としたのは、あくまで災害時（あるいは不確実性の高い状況下）では突発的に中央の命令が届かずとも意思決定が必要な状況に陥る可能性があることを勘案したものです。

組織の有機化を考える上で、地域ステークホルダーとの組織間関係をどのようにとらえるかは今後更なる議論が必要であると思われます。

四．自律した組織と個人の時間展望

組織が有機化するという現象は出先機関を単独の組織と考えた場合も当然起こり得ます。出先機関において、「上位機関の指揮の下で現場対応をする」という状況と「地域ステークホルダーとの協働の中で独自の意思決定を行う」という状況が併存することは、一見出先機関のトップの判断において切り替えが困難ではないかという疑問が生じます。また、こうした対応は一部の有能なトップがいるからこそできるものであって通常は上から指示された現場対応で精一杯だという意見も聞かれるでしょう。しかし、発想を逆転すべきであると考えます。出先機関をそもそも自律した組織と位置付け、上位機関の指揮もそれぞれの機関にとっての外的環境と考えればよいでしょう。つまり上位機関からの指揮も地域ステークホルダーとの協働もそれぞれのプライオリティ（物事の優先度）を付して同じ天秤にかければよいということです。大切なことは、意思決定過程の空白期間をつくってはいけないということではないでしょうか。その意味においてウーダループを適用した意思決定過程の整理は有益な示唆を与えてくれます。

通常、組織にとってステークホルダーは外的環境と捉えることができます。つまり、ある組織がある行動を起こそうとしたとき、ステークホルダーの意見は行動の制約条件の一つと考えられるからです。県行政の相関関係を示すとき、ステークホルダーは行政を進める上でなくてはならないものですが、行政の執行機関にとっては行政を支える重要な外的環境であると考えられます。しかし、災害時という不確実性の高い環境下では行政はステークホルダーを巻き込んで業務を執行しなければならないことが調査から明らかになってきました。

本来ステークホルダーとはそれぞれに何らかの組織に属する（または組織そのもの）と考えられます。例えば、役場であったり、自治会であったり、地域産業の会社であったりという具合です。行政に影響を与える地域ステークホルダーはそれぞれに自律した組織です。その組織を巻き込んだ執行とは、具体的には例えば、「県道が通行止めになったために市道を迂回路に設定しなければならない。しかし、市道は車両が迂回するに十分な規格を備えていないために市が応急措置を施すことを前提に迂回路を設定する」あるいは「仮設道路を設定するにあたり地元調整を自治会が行ってくれることを前提に自治会が推奨するルートで設計を進める」などといった連携です。これらの例示はいずれも時間をかけることが可能であれば事業執行の主体が行うものです。ところが時間がないことを踏まえて、関係者が連携して同時並行で業務を進めている事例となります。

行政の出先機関が自律した地域関連組織と連携することは権限委譲の類型では、現場対応型多機能連携として分類しました。そしてこの多機能連携が行政の中で本部から現場への権限委譲の要因となり得ることを示しました。この場合の想定はあくまでそれぞれの組織の自律を前提とした組織間の連携でした。

災害時における多機能連携において、それぞれに自律した組織と組織の関係は、組織間交渉を通じて合意された協定によって調整されるとする同盟型組織間構造のうち、組織間調整が当事者間で直接に行われる連合型に分類できるとしました。山倉健嗣『組織間関係』によりますと、組織間構造の形態による分類では第三者的媒介機関あるいは中央管理組織によって組織間の調整が行われる場合を連邦型と整理し、組織間構造の発展段階として、

第一段階：連合型の形成
第二段階：連邦型への移行
第三段階：連邦型の成長
第四段階：連邦型の衰退

の四段階が提示されています。組織間関係の調整が連合型からより高次レベルになると、特定の媒介組織（管理組織）によって調整される連邦型に移行するというのです。

平常時には地方自治体の首長や地方議会議員あるいは地域の有力者などがこうした調整役となることが考えられます。しかし、災害時などにおいて中央の指揮が現場に届かず、また第三者機関の存在が考

えられないとしても、県出先機関のトップは県という組織を背景に地域の社会的状況を踏まえ、各組織の権限を集約する形で復旧事業を進めざるを得ない状況となることが想定されます。その場合、出先機関のトップは仮想指揮命令権者ともいえる立場をもって行動せざるを得ないでしょう。和歌山県の事例では教育や福祉、地域社会を含めた調整が建設部長を中心として行われた実態が観察されました。

地域内の自発的調整が進む中で、仮想的に媒介組織が介在した状況を呈することがあると考えられます。つまり、建設部長が仮想的媒介組織の中心となるという状況は組織対組織である連合の状態から進んでいるのですが、媒介組織としての実体があるわけではないという状況になります。この状況は組織と組織が「融合」し、単一の組織的な意思決定が行われているものと言えます。建設部長がこうした立場になるというのは実質的に建設部長が本部から権限委譲を受けているからこそできる活動であるとも言えます。

これまで災害時における県出先機関の現場対応の状況を調査し、組織構造やステークホルダーとの組織間関係の議論を通じて出先機関の組織としての自律性や有機化といった状況から災害対応マネジメントのあるべき姿を探ってきました。しかし、そうした組織的な活動が実は組織を構成する人、特に出先機関のトップの行動に依存しているのではないかということがわかってきました。当初はそれを「経験」という言葉で総括しました。しかし、本当に経験だけで総括できるものだろうかという疑問が出てきます。

紀伊半島大水害の調査では、ある建設部長が平常時には本庁の指揮の下で現場対応をする立場でありながら、緊急時には本庁に意見する立場であったこと、そして将来に向けた復旧計画では本庁の意見を受け入れる立場をとったという実態がありました。ここにはこの建設部長が経験（過去）に基づいた行動だけではなく、現に自分がどの程度の権限を任されているか（現在）、将来的にどう進むべきであるか（未来）といった時間的要件を暗黙のうちに考慮しているように見えます。つまり、組織の中の人の行動を時間展望という概念をいれて考察することが必要になってきます。

尾形真実哉ら[18]によると、「時間展望（time perspective）の定義として、Lewin[19]（1951）の『ある与えられた時に存在する個人の心理学的未来及び心理学的過去の見解の総体』に依拠する研究が多いとし、Lewinが、この時間展望は、『遠い未来と過去の現象が徐々に現在の行動に影響を及ぼすようになる』と主張しているように、人間の行動が時間展望と関連していることが理解できる」と指摘されます。つまり、個人の時間展望が行動に影響を及ぼし、それらの時間展望は多様な要因から影響を受けているとのことです。

時間展望には三つの構成要素が考えられると言います。過去・現在・未来の関連性、どの程度出来事を想起するのかなどの認知的側面、過去・現在・未来に対してどのような感情を抱き、どのような評価を行うかなどの感情・評価的側面、動機付けにどのような影響を与えるかなどの欲求・動機的側面です。そこで、災害時という状況から時間展望の構成要素を考えます。

災害時には被災情報をはじめ多くの情報（情報がないという情報も含む）が入り、状況判断を行います。情報は全てを示すものではないため、得られた情報から現状を推理し、そして今後状況がどのように変化するかを想像することになります（認知的側面）。この未来予想が災害対応を指揮するうえで重要です。

また災害対応の指揮者は多かれ少なかれ過去に経験をしています。その経験に照らして目前の災害の現状をどう評価し、またどう推移すると予想されるかを考えることになります（感情・評価的側面）。そして、未来予想を踏まえて自分がどのように復旧していきたいかという思いがその後の行動に影響を与えることでしょう（欲求・動機的側面）。

江夏幾多郎[20]によると、「そもそも時間展望はアイデンティティとも深く関わる性格的な特性とみなされることが多かったため、突発的に変化する可能性そのものが考慮の対象となりにくかった」そうです。しかし、「Stolarski et al.[21]（2018）はその包括的な概念レビューの中で、時間展望が個人に深く内在する安定的な特性（trait）と、個人特性と環境との相互作用の結果として生じる変動的な状態（state）の両側面がある」としています。この後者の側面について、事例を蓄積し、「時間展望をより前向きなものにする可能性について検討」する必要があることを指摘しています。

不確実性が高い状況であると、組織が有機化し、個人の時間展望が外生的に変化すると言います。従来考えられてきた災害対応では、災害という不確実性の高い中で起こり得る状況をできるだけ詳細に（過去の災害経験から）抽出し、その状況に対応するマニュアルを作成し、そのマニュアルに沿った活動ができるように個人の能力を向上するべく訓練・演習を繰り返す、という流れになります。人は経験のないことには対応できないという側面があって、マニュアルに則った訓練・演習を繰り返すことは、いざという時、効率的効果的に活動するためには不可欠な準備です。しかし、調査を進めてみると、現実の災害対応ではマニュアルに則った有効な対応がある反面、マニュアルと関係なく活動する側面もあることがわかります。つまり、災害時には、組織の変化とは必ずしも同調しない、個人の行動が見られることがわかりました。この個人の行動を否定・矯正するのではなく、組織の目標達成の過程における組織行動として取り込んでいく必要があるのではないでしょうか。

個人の行動で時間展望に照らして変動していると思われる状況として、災害時に見られた出先機関の長の行動・意見で以下のような事例が見られます。
・思いつき（経験に基づく直感）は結局大きく外すことがない
・県土整備部長に直接電話、所長判断で取り組むことについて了解を得た
・マニュアルの基準では自宅待機で良いが、職場へ出勤
・本庁の局長が同期だったので、言いやすかった
・（将来計画案に対し、本課が）あかんというのだから仕方がない
これらは何らかの時間展望がかかわっていることは明らかですが、平常時における判断とは異なるものであったかどうかはさらに詳細な調査が必要と思われます。
個人の時間展望は、通常、表には出てきません。そこで、時間展望を引き出すためにワークショップなどで活用するディスカッションのテーマを例示します。

ディスカッションのテーマ
①具体的な災害事例を設定し、関係先や内容を整理しよう
・災害対応で同様の経験をしたことがあるか
・現状分析で重要視したポイントは何か
・復旧を計画したときの制約条件はあるか
②具体事例に対し、感じたことを出し合おう
・あなたの経験は役に立ったか
・分析は容易になされたか
・立案された計画は理想的なものであるか

③災害時どうしたいと思ったか意見を交換しよう
・災害対応へのモチベーションは何か
・次の災害対応への教訓は何か

具体的な災害事例をベースにおいて、組織としてどう行動すべきかというより、一人ひとりが何を感じたかに重点を置きます。カテゴライズされた対象者でディスカッションすることにより、例えば若手職員の集まりでは五つの要素から災害発生後の展開として何が起こり得るのか、そしてどのように行動するべきかを想像することができます（行動指針）。また、幹部の集まりではウーダループによる状況判断のきっかけとなる事象を引き出すことができる（判断基準）と考えられます。ミックスした集まりではお互いの立場や考え方を尊重し、理解する場として利用できるでしょう。こうしたディスカッションは時間展望の顕現化に寄与すると考えます。

五．災害対応マネジメントへの提案

これまで、組織の有機化と組織行動の相互作用の中で、時々刻々変化するパースペクティブ（展望）への対応が重要であることを示しました。

西川真規子著『はじめての組織行動論』によりますと、組織行動論とは「組織の中のひとの態度や行動についての理解を深める学問体系である」と定義されますが、一方で、最近の知見では、例えば砂口文兵ら[22]によりますと、「組織における」人間の行動を論じてきた組織行動研究において組織への関心が希薄化するという事態が発生していると言います。そこで、組織行動とは「組織における人間行動」と「個人の行いが組織にもたらす影響」を相互評価することにより、組織目標を達成するマネジメントであると捉え直して考えることが必要であると言われています。

池田浩ら[23]はリーダーシップの新しい関係性アプローチとして、不確実性が高く、予測が困難な状況において、メンバーやチームによるリスクを伴うプロアクティブ（先を見越して積極的に行動すること）な行動を引き出していくためには、リーダーとメンバーとの新たな関係性を検討する必要があるとし、セキュアベース・リーダーシップの可能性と独自性に着目し、その適用を提案しています。セキュアベース・リーダーシップとは、リーダーがフォロワーに対して安心感と安全性を与えるセキュアベース（安全基地）となり、それによって未来に向けた挑戦的行動を促すものです。災害時、不確実性が高く、発生後の状況変化に関して予測が困難であることは言うまでもありませんが、その中で出先機関の職員は災害対応を積極的に進めなければいけない状況に置かれます。紀伊半島大水害の経験で、ある建設部長から「非常時であるため、部長として即断、即決を心掛けたが、その反動で部下から反抗された。」という意見がありました。平常時であれば上司として部下のことが掌握できていないという意見にもなりそうですが、非常時では上司側にも部下側にも言い分があるでしょう。この言い分の違いは経験の差によるものだと言い切ることには無理があります。現状の把握を綿密に行ったとしても対応の選択肢はいくつかあるでしょう。そして組織の中で結果的に意見が分かれたとしても、災害時には即座にひとつの選択肢を選んで、意思決定し行動に移さなければいけない場合も発生します。その意思決定を促すヒントが時間展望であると考えられるのではないか、つまり、時間展望は人それぞれにおいて異なるものの、過去、現在、未来を踏まえ形成するものであり、不確実性が高いほど外生的に変化させることが可能だからです。

組織の有機化から発想し、時間展望を踏まえ、組織論、組織間関係論と組織行動論の相関関係を整理しました。

災害という不確実性の高い状況下で、組織のおかれる状況や組織そのものが変化することを組織の有機化と捉えると、自律した組織では様々な条件の下で本部から現場への権限委譲が必要となります。これは組織論的捉え方です。一方、有機化という現象を整理し、分化、拡張、連合、融合という形態が見られることを示しましたが、これは組織における機能の細分化から、組織・業務の拡大、さらには組織のボーダーレス化へと変化したものと考えられます（「変化」と書きましたが、徐々に変わっていくというより、突然に違った状況が現れるという方が実態に合っています）。このような場合、現場では複数の組織間で現場対応型多機能連携という状況が起こり、仮想的な媒介組織の存在が必要となると考えられます。ここで仮想的としたのは、災害等緊急時には必ずしも実態をもった第三者が権限を持つとは限らないからです。現実の災害対応では組織内外の調整を踏まえ、多くの選択肢から即座に意思決定し、行動に移さなければいけません。この組織と組織間の課題を調整するには権限と責任の所在を明らかにした上で、変動する個人の時間展望を踏まえた組織行動論の整理が必要となります。

災害発生時という不確実性下であるからこそ、前述の紀伊半島大水害の事例のように組織内で意見が対立することがあります。またステークホルダーとの協働における組織間関係において複数の組織を融合させるような活動をしなければならないこともあります。そうした組織内外の調整に加え組織内の人間行動を調整しなければならない。そのことは客観的に見れば、組織内外の活動を調整するために、組織行動に関する知見を活用し、時々刻々変化する多様なパースペクティブに組織として対峙していると も言えます。

本研究のまとめとして、研究を通じて明らかになったこと、今後も利用するべき手法、さらに今後の災害対応への提案を示します。

明らかになったこととして、
・階層型官僚組織においても組織の有機化は起こる
・個人の時間展望は様々な要因で変動し、その変動は組織行動に影響する

利用すべき手法として、
・災害対応のマネジメント手法としてのウーダループが有効である
・組織の有機化の形態として、分化、拡張、連合、融合を理解することが有効である

災害対応への提案として、
・災害対応に必要な要素（スピード、コミュニケーション、インフォメーション、プランニング、プレゼンテーション）を行動のトリガーとして意識する
・個人の時間展望を顕現化するためにディスカッションする
・権限委譲の五つの形態を踏まえ、本庁と出先機関の間で意識的に取り入れる
・組織目標の達成に向けた一人ひとりの行動をセキュアベースとして受け入れる

今後の災害対応への提案

災害対策基本法の基本理念（第二条の二）には、「災害発生を常に想定するとともに、災害が発生した場合における被害の最小化及びその迅速な回復を図ること。地域における多様な主体が自発的に行う防災活動を促進すること。災害に備えるための措置を適切に組み合わせて一体的に講ずること並びに絶えず改善を図ること。できる限り的確に災害の情報を把握し、これに基づき必要な資源を適切に配分することにより、人の生命及び身体を最も優先して保護すること。被災者による主体的な取り組みを阻害することのないよう配慮しつつ、被災者の事情を踏まえ、その時期に応じて適切に被災者を援護すること。災害が発生したときは、速やかに、施設の復旧及び被災者の援護を図り災害からの復興を図ること。」とあるとおり、災害発生時の地方行政組織としての目標は、被害の最小化及びその迅速な回復、災害の状況把握、速やかな施設の復旧及び被災者の援護です。この目標を達成するために、組織が組織として体制を整えることに加え、組織目標の達成に向けた一人ひとりの行動を、組織がセキュアベースとして受け入れる、災害対応最前線の出先機関のトップはその覚悟をもってリーダーシップを発揮しなければいけないのでしょう。

今回、災害対応に「時間展望」の概念を取り入れることで、不確実性下における組織内の人間行動が組織の目標達成に影響を与えるであろうことを示しました。このことは現場における担当者の迷いに寄り添い、担当者自身が考える目標達成に向けた意思決定を後押しする意図があります。とはいうものの、やはり孤立した現場で自分ひとりが意思決定し行動するというのは勇気のいることです。不安が付きまといます。それはきっと時間展望という個人の時間軸に判断根拠を求めているからではないかと思いいたりました。ではさらに何を考えたらよいのでしょうか。ここで一つ考えていることは、「社会展望」とでもいうべきものです。まだほんの思いつきなのですが、個人が組織・社会のどのような部分にどのような方法でコンタクトをとり、コミュニケーションを仕掛けたか、という可能性を探るべきではないかとの考えです。社会展望という言葉の適否を含め、今後さらに、しっかりと思考していきます。

第五章　公務員って何？

文章の端々で、組織論とか組織行動論とかできるだけ話を一般化しようと足掻きましたが、やはり私自身が三十数年籍を置いたのが地方公共団体の地方公務員ですから、そこにこそ具体的な課題を抱えています。そこで地方公務員という職業に向き合いたいと思います。

改めて言うまでもなく、公務員の業務遂行の根拠は法です。それぞれの部署で、その所管する法律が決まっています。法律というのは国会で制定された法のことで、法律に基づいて、国の各機関から様々な命令が出され、また、地方自治体では地方議会の議決によって条例が制定されます。だから所属ごとに、その寄って立つ法律があるわけです。

その法律と防災との関わりを見てみます。例えば前述の水防法や公共土木施設災害復旧事業費国庫負担法は河川課が所管します。「あれ、災害って河川だけ？」もちろん業務遂行に当たっては河川課だけで行うわけではなく、道路災害は道路関係課、港湾施設の場合は港湾関係課、上下水道や公園施設の場合は都市整備関係課というように、多くの課や出先機関と協働して取り組みますが、水防や災害復旧事業の県の窓口として河川課が業務を受け持ちます（自治体によって担当業務は異なります）。

これも今更ですが、水防というのは、河川が氾濫しているとか集中豪雨により住宅地が浸水しているなど、現に災害が発生または発生が逼迫している場合の対応を示したものです。また、災害復旧事業というのは被害を受けた施設が元の機能を回復するための工事をするものです。一方、災害が起こらないようにできないものかと考えるのも然りです。旧河川法がその主旨で制定されたものと言えます。

旧河川法は明治二十九年に制定され、主たる目的は「治水」でした。水を治めるとの文字通り、河川における洪水を制御しようとするものです。

現在の河川法は昭和三十九年に制定されました。この時、法の目的の中に「利水」が追加され、またさらに時代の流れに応じて、平成九年の改正で「河川環境」が追加されることとなりました。現在は第一条（目的）に「洪水、津波、高潮等による災害の発生が防止され、河川が適正に利用され、流水の正常な機能が維持され、及び河川環境の整備と保全がされるようにこれを総合的に管理する」となっています。そして令和三年、「流域治水」の一環として、利水ダムの事前放流を推進するべく河川法が改正されました。このように、時代のニーズとともに法律は変化し、それに合わせて地方公務員の取り組むべき課題や業務も変化していきます。

一．教員事始め

学位を取得して初めて学生の前で講義をさせていただいたのが二〇二三年十二月のことでした。学位取得が九月、取得からおよそ三ヶ月後のことです。この時私はまだ現役の和歌山県職員でしたので、学生を前に研究成果を発表するという機会であったことはもちろんなのですが、公務員の実態を伝えるという意図もあったかと思います。

講義は一時間余り、そのあと半時間弱の時間をとって学生からの質問に答えました。

「今時の学生は」と言うと自分でも年を取ったなあと思えてしまいますが、手をあげて質問をするという慣習がないようです。「いや、昔でも質問なんて一部の変わり者しかしてませんでしたよ」と言われるかも知れませんが、小学生のころ、先生から「質問のある人は手を挙げて！」というと、「はい」「はいっ」なんてみんなが手を挙げて、「では○○君」と充てると「えーーっと」と質問を考えるという光景は普通にありました。小学生と大学生を一緒にするな！　やはり私は年を取りすぎました。

私が学生に伝えたかったポイントはいくつかあります。

「経験は貴重な宝、でも、今の仕事は今の担当者に委任（権限委譲）」

そもそも社会経験を積んでいるわけはない学生にとって、担当者への委任は上司の責任放棄に聞こえたかも知れません。言いたかったのは経験を振りかざして現場の足を引っ張ってはいけません、上司はそっと横から支えてあげましょう、そうすれば担当者は自分の見た眼で判断して行動できるでしょう、ということなのです。上司も担当者も人によりけりですけれども。

「コミュニケーションにこそ解決策（ステークホルダーとの関係性）」

ステークホルダーを外的ストレス、特に苦情の発信源などと考えてしまわずに、協働する関係者としてしっかりとコミュニケーションをとってほしいなと思います。そして出先機関にとって上部組織にあたる本庁についてもステークホルダーの一つの組織と考えてみてはどうでしょう。現場の課題は現場が主体となって、そう、自らが自律した組織として解決に当たることが肝要かと。ただし、コミュニケーションをしっかり取りながらという条件付きですが。

「組織の目標が人を動かし、人の行動が組織の成果に影響（組織行動）」

組織がしっかりとした目標を掲げることで、組織に属する人は活動できます。そのパフォーマンスを効果的効率的に発揮するために平素からの訓練に取り組むのでしょう、組織の駒として。でも目標に向かって人が考えて行動することで、マニュアルには表れない思わぬ効果が発揮されます。時にミスすることがあるにしても、一人ひとりの行動を大切にしていきたいものです。

講義は「緊急時における土木行政による災害対応マネジメントの研究」と題して行いました。これは私の研究論文のテーマでもあります。その中身はと言いますと、行政組織の話が半分と論文の中身の話が半分ということになります。具体的な内容はまさに前章で述べたものとなりますので、省略させていただき、講義の後の質問と意見に対する私なりの回答を整理したいと思います。

二．災害対応マネジメント問答

マネジメントシステム

私の研究成果の一つに、現場における災害対応のマネジメントシステムとしてウーダループを適用したことが挙げられます。そもそもピー・ディ・シー・エーサイクルとの違いやウーダループを使うことのメリット・デメリット、あるいはウーダループの四つの段階で特に重要な段階とは、などマネジメント手法に関する質問を多くいただきました。

一般にクライシスマネジメントの手法の一つとしてピー・ディ・シー・エーサイクル（PDCA cycle：Plan-Do-Check-Action）がよく知られています。日常の反復継続する活動に有効とされていて、防災分野では津波防災計画や業務継続計画などの策定と計画遂行などに利用されています。一方、緊急対応時の現場マネジメントでは、現状を踏まえた決断と行動が求められるため、現場の判断を重視し、時々刻々変化する状況で機能するとされるウーダループが有効と考えています。

ウーダループ（OODA loop：Observe-Orient-Decide-Act）とは、観察（Observe）、状況判断（Orient）、意思決定（Decide）、行動（Act）の四段階で構成され、限定的な情報しか得られない環境下での意思決定手法として危機管理などの場面で多く引用されています。

活用場面は様々考えられますが、いずれにしてもまず状況をしっかり観察することから始めることがポイントとなります。

現場における災害対応では被災の状況が時々刻々変化する中で、様々な分野の多くの関係者と対峙していかなければなりません。そのような中でも、「持ち帰って上司と相談します」とか「本課の人が何て言うかわからないので、私の一存では……」などと言っていられない場合、そう即座に意思表示しなければならないような場面にも遭遇します。即座に行動して、でも状況の変化を見極めながら、また新たに判断して行動を起こすということの繰り返しになるのかも知れません。そんな時のマネジメントシステムとして理解しています。

土木事務所と振興局建設部

私が災害対応にかかる組織の違いとしてまず考えたのが、土木事務所と振興局建設部です。全国的には四十七都道府県のうち三分の二が土木事務所制度、残り三分の一が振興局制度を採っていますが、それぞれの制度に対するメリット・デメリット、制度を採用するに当たっての地域的な違い、それぞれの制度で個々の災害対応や市民との接し方に違いはあるのかといった質問がありました。

一例になりますが、私が振興局で建設部長をした時のことです。ある県道沿いの斜面が崩壊して通行止めとなりました。斜面は民有林で農林水産省（林野庁）の所管であったのですが、振興局内部で、建設部と農林水産振興部が連携し、国への働きかけと地元対応を行うことができました。

民営林では被災以前から林野庁が治山事業を行っていました。それで、本来の役割分担からすると、斜面崩落により被災を受けた県の道路管理者と、治山事業中に斜面崩壊のあった林野庁との連携によって災害対応にあたることになります。県の農林部局は直接的には業務外となります。しかし、道路管理者としては交通手段の確保のために、地元関係者との調整に大わらわといった状況で、治山事業のことまでよくわからない状況です。そこで振興局として農林水産部が林野庁との調整・連携の役割を担ってくれることになりました。文化が違うと言ってしまうとそれまでなのですが、同じ国の機関であっても国土交通省と農林水産省では流儀が異なるというか、地方自治体ではすんなり理解できないことも多く、災害対応という中で、県の内部で役割分担をして国と調整ができたことは大変助かりました。

一般に、振興局制度の場合、振興局長は知事権限の委譲を受けていることから、地方組織間の連携が図られやすいのに対し、土木事務所制度では、土木事務所は県土整備部の現場執行機関（オペレーター）として、個別の行政課題に関して本庁と出先の連携が図られやすいという特徴があると考えられます。

そのため災害対応では、振興局制度の場合は地域のステークホルダーを巻き込んだ現場の意思決定が優先されるのに対し、土木事務所の場合は県庁組織の一員としてステークホルダーとは組織対組織という関係性の中で取り組むことになります。

しかし、組織の形態がどうかということより、結局は現場で対応する一人ひとりが問題意識をもって課題解決にあたろうとする気概が必要だと考えます。

県内で災害が発生した場合

公務員を目指す学生たちにとって、就職を希望する自治体の管内で発生する災害対応はある意味切実な問題かも知れません。災害が起これば具体的にどのような活動をするのか、災害に備えて平時から準備していることはあるのか、マニュアルは定められているの？　といった質問が飛び交います。

私は土木職なので、公共土木施設の管理者としての対応が優先されます。いわゆる避難者対応としての避難所開設や救援物資の配給業務などとは異なる対応となるので、ここに記載することが全てとは思わないでください。

災害発生時に土木行政は段階を踏まえて対応します。

第一段階　情報収集（職員のパトロール、市町村や地元関係者からの情報）

気象情報や水位情報など災害発生以前からの情報は継続して収集していますが、いざ災害発生となると、電話による情報だけではなく、ソーシャルネットワーキングサービス（SNS）も活用しますし、具体的なエリアを限定すれば、ドローンや衛星画像などのデータも活用されます。

第二段階　緊急対応（土砂撤去、ポンプ設置、土のう設置など）

比較的小規模な被害であれば、パトロール時にその場で対応することもあります。日頃の維持管理の延長で、簡易な道具、資機材を使った対応となります。また、危険箇所の回避やそれに伴う看板・バリケードの設置、利用者の誘導などもこの緊急対応の範疇に入ります。

第三段階　応急対応（広域迂回路の設定、仮設資機材による対応など）

比較的大規模な被害となると、危険回避のためにやや広いエリアで対応しなければいけなくなります。周辺の道路状況を確認して迂回路を設定したり、H型鋼などの仮設用資機材を調達（応急対応用に保管されている場合もありますが）して危険箇所から道路を保護したりといった、やや大掛かりな対策を行います。

第四段階　災害復旧（応急仮工事、応急本工事、本復旧）

公共土木施設災害復旧事業費国庫負担法（通称、負担法）に基づく災害対応として、公共土木施設の機能を復旧することを前提に対策を行います。

第五段階　負担法によらない災害対応（予算確保、資機材確認、関係者調整など）

災害の状況によっては負担法適用外の場合があることは第三章（63頁参照）や第四章（120頁参照）でもお話しました。こうした場合は個別の対応が必要となります。

県では（市町村も同様ですが）災害対応のための応急資機材（土のう袋、H型鋼やスコップなどの資機材）を平時から準備・保管しています。職員が自ら使用することもありますが、地域で防災活動をされている方にお貸しすることもあります。また、情報収集や緊急連絡のための通信ネットワークは平時から関係者間で設定していますが、特に危険が迫った場合に自治体の判断を支援するために、出先機関の長と首長とのホットラインを設定したりもしています。マニュアルについては、初動のための行動マニュアル、業務マニュアル、自治体の災害対応機能が低下した場合でも必要最小限の業務が維持継続できるように対応を示した業務継続計画（BCP：Business Continuity Plan）など多岐にわたり準備されています。

災害派遣

近年、大きな災害が発生すると応援職員の派遣といった話がよく聞かれます。災害派遣というのはどのような流れで実施されるのでしょう。また、北海道から九州まで、全国どこへでも派遣される可能性はあるのでしょうか。

災害時に関わらず、姉妹都市など行政界を越えて連携する事例は多く見られますが、阪神・淡路大震災までは特定の関連都市間の相互派遣を除いて、地方自治体に行政界を越えた災害派遣という考え方はありませんでした。当時の制度的なことはよくわかりませんが、職員の中では全く意識されていませんでした。災害対策基本法でも災害対応は基本的に市町村が行い、その能力を超える場合に県や国が支援するというようになっています。

しかし、阪神・淡路大震災で他県からの応援なくして災害対応は進まないという実態、つまりは自治体職員も被災し、交通手段も寸断され、行政界の中では人員の確保はもとより、資機材の調達もままならぬ状況です。そのため、阪神・淡路大震災では国の各専門分野が主体となって、分野ごとに臨時に応援体制が組まれました。その後、消防や警察の全国的な応援組織ができ、自衛隊の独自判断による派遣が始まり、DMAT（災害派遣医療チーム）やTEC-FORCE（緊急災害対策派遣隊）が組織化され、自治体間の応援体制についても、国のみならず全国知事会・関西広域連合といった組織が調整して、計画的・効率的に職員を派遣する体制ができてきました。また、今ではプッシュ型と称して被災自治体からの要請がなくてもリエゾン（現地情報連絡員、198頁参照）や先遣調査隊、支援要員を派遣することがあります。

いつ、だれがどこへ派遣され、どのような業務を行うかは、その時々の状況によって調整されます。東日本大震災の時には和歌山県からも応援職員を派遣しましたし、紀伊半島大水害の時には近畿圏内の各府県から応援していただいたのに加え、遠くは九州・沖縄の各県からも応援に来ていただきました。また、災害派遣は業務命令ということですが、派遣される職員にとっては危険を伴う業務であり、本人の体調や家庭の事情等も考慮する必要がありますし、送り出す側にとっても、人員減での業務執行の課題も発生するため、事前に十分な検討が必要となります。

組織論と組織間関係論

私の研究は県庁という大きな組織のあり方が基盤になっています。しかし、組織が優先されると個人の権利などは犠牲になってしまうのではないかという不安が生まれます。官僚制は善か悪か、公務員の年功序列は今後も変わらないのか、組織の有機化って何だろう、階層型でないフラットな組織っていったいどのような組織なのだろう、等々素朴な疑問が投げかけられます。

現在の社会的な理解では、階層型組織とティール組織（199頁参照）は対極にある考え方だと位置づけられています。しかし、今後、組織における個人の行動が注目されるようになれば、階層型の構造は維持されつつも、権限委譲が進められることで意思決定過程が議論の対象になって、よりフラットな立場で個人の権限を尊重した組織が注目されることになると考えられます。研究成果の一つとして提示したセキュアベースによるリーダーシップも一つの考え方だと思います。

かつての災害対応では、個人の住居地や家族の被災状況などは配慮せず、組織の体制を確立することが優先されましたが、今ではまず連絡を取り合い、一人ひとりの職員が置かれている状況を確認することが優先されています。

組織が災害時にどのように変化するのか、あるいは変化すべきかということが研究テーマの一端であります。組織の有機化という言葉は以前からありますが、今回、有機化の具体的な内容として、分化、拡張、連合、融合の四つの形態に整理したことは大きな成果だと考えています。

平常時など組織が固定していると、権限と責任の所在も明確で、担当者も安心して業務にあたることができます。一方、災害時などで組織が有機化し、現場における多組織間の連携が必要となる場合、しかも組織対組織としてある程度の壁がある状況では対応しきれず、組織と組織が融合（ボーダーレス化）した場合、双方の組織をまたいで権限を行使する立場が必要になります。県の出先機関は県という巨大組織を背景に、まさに権限を行使する立場になるものと思われます。出先機関の長はこのような事態を理解し、責任を負うことも覚悟の上で意思決定し行動することが求められると考えています。

行動経済学と組織行動論

行動経済学というと難しい学問のようですが、ノーベル賞やナッジ理論の説明をすると「へ～」となります。だけど防災と経済のつながりが今一理解できないし、私自身説明に苦慮するところでもあります。行動経済学に興味をもったきっかけ、行動経済学から組織行動論へ、そして防災との関わりは、学生にとっても改めて説明を望むところです。

私は行動経済学に興味をもったというより、災害時の組織を検討する延長で、人の行動が社会や組織に影響することがわかり、関連の理論を勉強しました。

経済学は社会の動きを経済（お金の動き）的側面から理解しようとするものです。防災も社会の一側面ですから、経済とも大いに関係があると思います。

特に行動経済学では人の心理や行動を経済学に取り入れたもので、災害時の社会の動きを知る上で有効な学問体系だと思います。また、ナッジ理論のナッジとは「行動をそっと後押しする」といった意味で、トイレの例（「汚さないで」と張り紙するよりも「いつもきれいに使ってくれてありがとう」という方がトイレ利用のマナーが良くなるという例）以外にもピクトグラムの活用や階段に消費カロリーを書いて健康増進を促しつつ階段の活用を図る事例など社会のいたるところで活用されています。また近年、災害時の避難行動を促すために有効であるとして、知見を活用して取り組んでいる研究も見られます。ネットでも非常にたくさんの事例が紹介されているので、検索してみて下さい。また、ビジネスなどに活かすべく多くの書籍が出版されていますので、参考にして下さい。

私の研究では、災害時の組織的な対応をベースに置いているものの、現場での対応において個人の行動に着目しているため、組織行動論に沿ってアプローチしています。組織行動論は社会学や経営学の延長線上にあると思います。組織をマネジメントするところから始まるからです。災害時、組織に分化、拡張、連合、融合といった組織の有機化を示す状況が起こることを前提に人の行動を見極めながら最善の対応を探っていく、ある意味、試行錯誤の繰り返しのような状況になるかもしれません。その時、出先機関の長にはセキュアベースのリーダーシップが必要になると考えています。

権限委譲

権限委譲ってそもそも何？　業務分担とは違うの？　という素朴な疑問があります。何か責任を負わされて重たい感じがするのでしょうか。本部と現場で意見のズレが生じるとどうするのだろう。その時の責任の所在は？　権限委譲をスムーズに行うにはどうすれば良いのか。権限委譲が進む組織とそうでない組織に特徴はあるのか、権限委譲ができていないために現場の意見がつぶされてしまうような事例はあるのか、等々。「権限委譲」という言葉そのものがクラウド的存在になってしまっています。

権限委譲について整理するには、まず組織間関係における権限と責任の所在について検討する必要があります。『広辞苑』によると、権限とは「公法上、国家または公共団体が法令の規定に基づいてその職権を行いうる範囲」であり、責任とは「人が引き受けてなすべき任務」とあります。よって権限の範囲の中で実行される任務については当然の責任が発生することになります。しかし、現実には「上司は権限を振りかざすけれども、いざという時には全く責任を取ってくれない」といった表現があるように、権限と責任の関係は人あるいは組織行動に依存するであろうことが想定されます。また、委譲とは「権利・権限などを他の人・機関に譲って任せること」です。県の場合、行政執行の権限は全て県知事にあります。どの程度の責任を伴って、何をどのように切り取って誰に任せるか、というのが権限委譲の神髄なのですが、残念ながら日本人気質で、現場では言葉の意味するところほどには白黒はっきりした理解ができない状況です。

現場での計画決定に向けて、速やかな合意形成を図るためには、平常時であれば本庁あるいは本庁と出先機関の協議によって執行される権限の一部を、災害時には現場に任せざるを得なくなる状況も見られます。このとき出先機関は自律した組織として活動し、組織全体としても現場での状況判断と意思決定が尊重される必要があります。

権限の範囲の中で実行される任務については当然の責任が発生します。そもそもの組織の権限と責任の所在について明らかにすることが必要です。

また、権限委譲が有効となる条件として、考慮すべき三つの視点を提示しました。

① 出先機関と地域ステークホルダーの相互依存性
② 本庁と出先機関の関係性
③ 出先機関の長の時間展望を考慮した組織行動

本来権限を持つべき立場の人がいるわけですから、委譲する権限は必要最小限にするべきですが、権限委譲された現場でミスが確認された場合は速やかに本来の権限と責任を持つものが本来の対応を行うことになります。

また、現場の意見が「つぶされる」というのは必ずしも正しい表現とは言えません。途中経過として様々な立場で様々な意見が出たとして、最終的に現場の意見が通らなかった場合があるとしても、それは組織において権限と責任をもった立場で判断し、意思決定した結果であると思います。

災害対応時に必要な五つの要素

今回の研究成果の一つとして、平成二十三年紀伊半島大水害の経験から「組織マネジメント」の問題を抽出し、また災害対応時に、重大な意思決定や迅速な行動のきっかけとなる言葉として、「スピード」「コミュニケーション」「インフォメーション」「プランニング」「プレゼンテーション」という災害対応時に必要な五つの要素を抽出しました。学生からはこれらの要素について、平時から意識していること、災害対応で意識していること、あるいは局長（私の県庁生活で最後の役職）として、災害が起こった際はどのような行動をとるか、といった疑問が寄せられました。

災害時の対応では、マニュアルに沿って粛々と対応するというより、判断に悩むことの方が多いかも知れません。だからこそ意識してスピードを心がけ判断し、意思決定することで、一刻も早く社会機能を回復していかなければいけないと思います。実際の現場でスピード感をもって行動するために、平素から訓練等に積極的に参加することも重要かと思います。

また、災害時には他組織との協力や良好な関係性を確保することが必要で、平常時以上にコミュニケーションを大切にしていく必要があります。

さらに、平常時であれば多くの情報を集めてから、それを基に計画をたて、実施するという順を追った対応になるのでしょうが、災害時は必ずしもそのようには進みません。情報（インフォメーション）のないところの状況を想像しなければいけないこともあり、敢えて無理に情報を取りに行く（ドローンなどを利用）こともあります。計画（プランニング）をたてるにも、目の前の被害の復旧対策だけではなく、二次災害防止や、復旧の段階的対応、そして将来を見据えた復旧工法の検討も必要になります。挙句は地元が理解を示す復旧工法を提案（プレゼンテーション）しなければなりません。そうしたことを非常に短期間に検討・実行することを求められるわけです。だからこそ、単純な五つの言葉ですが、これらをしっかり意識しようと、敢えて抽出しました。

県の災害対策本部長や水防本部長は県知事ですが、実務的には県土整備部長が県の土木系の防災活動を指揮し、河川・下水道局長は部長の指揮の下、局内を統括する立場にあります。そして、もっと実務的には河川課長や砂防課長が指揮して、出先機関とともに災害に対処することになります。そのため、職員すべてに防災情報がシステマティックに流れてくるよう個人スマホに登録していますが、局長として、自身でもいち早く情報を収集（家ではすぐにＮＨＫを確認するし、屋外でもスマホで気象庁の情報を確認）し、状況を確認します。場合によっては深夜・休日でも、出勤することを含め対応が求められます。

三．地方公務員土木職問答

県庁職員としての仕事のやりがい

講義に参加してくれた学生たちの中には公務員を志望している学生も多くいます。その方々にとっては、拙い話の中にも将来の職業にやりがいを見出したいと考える人たちがいます。また、そもそもなぜ土木に興味をもったのか、異動の実態は？　国からのトップダウンで地方自治体の裁量ってあるの？　土木職行政での人材育成や働き方改革の取り組みは？　など、自分が飛び込もうとしている世界のことを少しでも知っておきたいと思うのでしょう。

私の場合は、小さい頃から理科が好きで、高校時代には地学部に所属していました。地学を実務に活かせる分野として、大学では土木工学を選択しました。よって構造物そのものや建設事業に特段の興味があったわけではなく、地形、地質や気象などを踏まえた土木施設の管理・計画ということで行政の土木職を選択しました。

法律自体が国会でしか作れないように、日本は中央集権で、行政も国からトップダウンかのように思われがちです。しかし、フィールドは地方にあります。地方にも人は住んでいます。その人達が心豊かに暮らせるようにするお手伝いをするのが地方公務員の役割であるとすれば、国から言われっぱなしではなく、意見することもあり（ただし、国の職員は全国を事例として見ているので、知見は広いです）、大変やりがいのある仕事であると自負しています。

県庁の異動というとほぼ県内に限られるので、たいしたことはないといいつつ、私自身単身赴任を強いられたこともあります。家族を巻き込み、生活が変化することを考えると大変ではありますが、新たな交流が生まれるチャンスとポジティブにとらえて欲しいです。

地方でもDX（Digital Transformation）など新しい考えや技術を取り入れ、業務の効率化を図ろうとする取り組みが進められています。また、技術系の人材育成ではOJT（On the Job Training）が有効ですが、近年では、個人のスキルアップのための資格取得に対し奨励金を出すなどの職員個人の努力をバックアップする取り組みも進められています。働き方改革については建設業界においても週休二日制の導入や残業時間の縮減に取り組んでいるところです。しかしながら災害発生時の業務については、現に被災者を目の当たりにして、責任ある業務の遂行を求められるので、効率化という発想には程遠い（優先度が低いというべきかも）と言えます。まだまだ課題の多い状況です。

県の予算

私の研究では栃木県と和歌山県の災害対応状況を調査しました。その前提として、両県の行政指標を比較しました。一般国民の感覚では、県行政の予算って人口に比例しているでしょうと思うかも知れませんが、栃木県と和歌山県を比べると、人口では栃木県が倍以上多いのに、県の当初予算では一・五倍くらい、土木費では同じくらい、災害復旧費では和歌山県の方が多くなっていることを紹介しました。

なぜ？　そして、土木費っていったい何に使われているのだろうか、学生の疑問に応えます。

今回の研究時点で両県の土木費が同程度というのは偶然です。それぞれの県内事情を考慮して積み上げた結果です。ただし、和歌山県では長年インフラ整備（道路など）が遅れていましたが、漸く今まさに幹線道路の整備が進められているところであり、土木費の割合が高いことに影響していると思います。

令和五年度の和歌山県当初予算でいうと、歳出六千百億円のうち、人件費、公債費などの義務的経費が二千二百億円（三十六パーセント）、県の様々な政策・事業を進めるための政策的経費は三千九百億円（六十四パーセント）となります。公共土木施設の整備などに充てられる投資的経費は千億円、目的別では、主に県土整備部が実施する土木費が八百億円、災害復旧費が七十億円となっています。土木費は道路橋りょう費、河川海岸費、港湾費、都市計画費などとなっていて、公共土木施設の整備、維持管理等の費用になります。

災害対応で一番重要なのは日常生活の保全、復旧です。費用がかかるか否かより、どれだけの効果があって、その効果が住民の期待するものと合致しているかどうかが重要だと思います。そのため当初想定した予算を超えて莫大な費用がかかることもありますが、予算は無尽蔵ではないので、政策的な検討に加え、事務的なしっかりとした裏付けが必要です。

一般行政職と土木職

土木というとゼネコンのイメージがありますが、行政と民間では業務の内容はどのように違うのでしょう。行政の中で、一般行政職と土木職の関わりは？　土木分野は人材不足と聞いたが、求める人材像や資格などは？　といった質問があります。

私が県に採用されたころは、一般行政職の中に事務職と技術職があって、土木職は技術職のうちの一つであったと記憶しています。現に総務省の統計では、今でも一般行政職といえば教育、警察、消防といった特殊な分野の公務員を除いたいわゆる知事部局の公務員全般を指すように整理されています。しかし、今は、例えば職員採用試験の区分を見てみると、国家公務員の一般職では行政と土木は横並び、和歌山県では一般行政職と技術系職種が横並びで、技術系職種の一つとして土木職が入っています。土木職は行政ではないのかとちょっとがっかりしてしまいます。

私個人の考えとして、技術職の強みは平面を立体にイメージできることだと考えています。その能力はデザインとして各方面で重宝されていると思います。しかし、行政の基本となる法律は全て文字で表現されていることから、土木職の行政職員は法律と現場の橋渡しをしなければなりません。

行政ではそのほとんどの職員が一般行政職（いわゆる事務職員）だと思われていますが、県庁では県土整備部（都道府県によって呼び名は異なります）、国では国土交通省は土木職が大勢を占めています。和歌山県の場合、県土整備部関連（出先機関を含む）の職員が八百人余りのうち、事務三分の一、技術三分の二となっています（技術には建築職、電気職などを含む）。そのため、事務、技術の連携は重要です。特に難しい許認可における最終的な決定には技術的な視点が重要な役割を果たすことが往々にしてあります。公共土木施設の維持管理上、許認可事務を行う場合には、事務的な視点で手続きを進めますが、特に難しい許認可における最終的な決定には技術的な視点が重要な役割を果たすことが往々にしてあります。

なぜ国土交通省や県土整備部に土木職が多いのか。それは昔々道路や河川の設計は行政が自ら行っていたからです。和歌山県でいうと昭和二十八年の大水害後に災害復旧として架けられた橋には型式や橋長の同じものが県内に点在します。設計図を流用するからだと思われます。当時はほぼほぼ職員による手計算ですから、納得です。私の先輩などは若い頃に国土交通省（当時は建設省）へ研修に行かされてみっちりと設計を教え込まれたと懐かしんでいました。私が県庁に入ったころには既に設計コンサルタントという業種があり、構造物の設計はほぼ全て委託業務として発注していましたが、それでも小さい床板橋（コンクリート盤を渡しただけの橋）などでは鉄筋量やコンクリート量を計算した閻魔帳のような資料が代々受け継がれていて、実務に役立てられていました。また災害が発生すると現地測量や設計図の作成は自ら行いました。その流れを汲んでいるのかいないのか、工事の発注予定価格を積算することを「設計」と呼ぶし、積算書とその根拠となる図面をセットにして「工事設計書」と呼んでいます。

また、民間との関わりですが、公共土木施設の場合、行政が発注者で、民間が受注者という立場になります。公正公平に事業を推進するために、行政が予定価格を設定しています。その予定価格の範囲内で入札等により受注者が決定し施工されることになります。予定価格を設定するためには当然その内容（工法や施工手順とその単価及びそれらの事業による効果）を理解していなければできません。行政において技術力が最も必要とされるところであることは、先ほどの経過のとおりです。

仕事と学生の両立

現役学生にとって、こんなおじさんの社会人学生は興味の対象でもあります。仕事との両立は大変ではないですか？　博士号をとることに踏み切った理由は？　リスキングな感じ！　補助金は出たの？幅広い知識をつけることで役だったことはありますか？　といった質問がありました。

仕事と学生の両立は大変ですが、やりがいはあります。同じように両立されている人の中には仕事を優先して、学生としての単位取得が難しく、通常（博士後期課程三年）以上に時間がかかった人もいます。私の場合、新型コロナ対策のおかげもあり、オンラインやオンデマンドによる単位取得も可能であったことから、キャンパスに通う回数を減らすことができ、かなり助けられました。

自治体（国などでも同様）によっては国内外の留学制度を持っているところもあり、うまく利用すれば、職場の業務と関連して学位を得る機会が得られるかもしれません。

私自身としては、県庁生活三十七年間を無事に終えたいという思いとともに、何かしら足跡を残したいとの思いも強く、博士の学位はその大きな成果だと感じたから社会人ドクターを目指すことにしました。

とはいうものの、毎日何時間も勉強して、知識をつけて、単位もとりましたというだけでは学位はもらえません。世に認められ、学位にふさわしいと評価される研究論文を仕上げなければ学位は授与されません。私の場合はたまたま「防災」というテーマを持っていたこと、県庁生活で常に課題を持ち続け取り組んでいたこと、そして何より研究としてまとめるにあたり指導教官に恵まれたことが、学位取得という、この大きな成果につながったのだと思います。

事務職と技術職

先に、一般行政職と土木職という視点でお話しました。その時、昔は一般行政職の中に事務職と技術職があったと記憶していると言いました。県の業務を遂行するにあたり、技術力を要する部分の人事を技術職で埋めようという趣旨でした。その意味で当時は技術職の中でも土木、建築、電気、林業などその職種ごとに配置される部署が限定されていましたが、県の業務の遂行という点では事務職も技術職も変わらぬ仕事をしていました。

では近年、いわゆる事務職といわゆる技術職で業務内容が区別されているのかというと、むしろ逆です。というか境目がわからなくなってきています。

例えば、配属される部署ですが、かつては事務しかいかないとされてきた知事室や東京事務所、企画部等々に技術職員を配置するようになりました。デジタル化の影響で何らかの技術力が必要になってきたのかというとそうではなく、人事的には単なる入れはめに過ぎないのですが、実際に配置された面々のその人となりを見ていると技術的センスは抜群の優秀な人材だと思います。おそらく、私の個人的な想像ですが、日々の会話、業務遂行上の目の付け所が違うので、重宝されるのだろうと思います。

技術力ということで話をすると、例えば橋を架けるならば、外力をどの程度見込み、耐力を考え、それに見合う材料を選定します。外力一つとってみても、橋そのものの重さに加え、車や人の重さ、雨や風、河川や海の水の流れや波浪、地震、もっとマニアックにいうと、夏冬の気温差による伸縮までも考えて、それらが橋に及ぼす影響を考え、そしてそれを実現するための設計図に落とし込む。そして設計図から実現に向けて、本体の製作から架設工法の選定などを経て、現地の工事に取り組む……ということが技術力だと思われている。いや、思われていた、と過去形かも知れません。先に話をしたとおり、百メートルの橋を架けるとなると、自分で、自分の手で設計していた時の技術力はそうであったのかも知れないけれど、今では地域と橋の長さと地質調査結果を入力すれば、基準に則って設計が進められます。設計ソフトが充実しているので、入力条件と計算結果以外はブラックボックスです。やがては（近未来のうちに）人工知能が設計の全てを行い、現場はロボットが行い、これまで技術力と思っていたものが人間の手を離れてしまいます。

技術力の中には職人技と言えるものも含まれていると思います。感覚やセンスと呼ばれるものをフルに活用して仕事をすることもあるでしょう。大変重要な技術力であるし、これは中々人工知能には真似できないでしょう。しかし、巷の技術職たる人には職人技と呼べる技術力を身に付けられるほどの根気はないし（失礼を承知で自戒の意味を込めて表現しています）、目の前にある大半の仕事は職人技でなくてもできるものであるし、そうでなければ社会が回転しないと思います。

では次に、事務って何だろう。

お金の計算、条例をはじめとする行政の内容を作文することと、作文された文章を正しく理解すること、などをイメージするでしょうか。実際には福祉の部署ではケースワーカーなど現場での専門的な仕事もありますし、県税徴収であるとか、企業の育成指導であるとか、県産品の流通促進とか、各種相談窓口とか……。え、事務ってこんな事までするの！　と言いたくなるような業務もあります。

ある意味、技術職が技術的な仕事のボーダーに線を引いて、そこからはみ出さないとすることは容易かも知れません。それに比べると事務の場合はボーダーがわかりづらいです。しかし、事務とか技術とか、あるいは年度当初に与えられた業務範囲とか、そこにボーダーラインを引くのではなく、各々一歩踏み出して県民の声に耳を傾けるべきなのでしょう。そうして何かしら専門的に聞こえて理解しかねる場合には、県民と専門家との橋渡しをすることも一般行政職の仕事です。ふわっとした話になりますが、事務だから、技術だからというよりも、一人ひとりの経験が県民の声のどこかに共鳴して、リズムやメロディを奏でるようになれば、苦労の多い中にでも少しはやりがいのある仕事ができるのではないかと思います。

日本国憲法の第八章に「地方公共団体の組織及び運営に関する事項は、地方自治の本旨に基づいて、法律でこれを定める」とあり、地方自治法第一条によると「地方自治の本旨に基づいて、（中略）地方自治体における民主的にして能率的な行政の確保を図るとともに、地方公共団体の健全な発達を保障する」ことを目的とし、第一条の二で、「住民の福祉の増進を図ることを基本として、地域における行政を自主的かつ総合的に実施する役割を広く担う」ものとされています。そして、第六章で「議会」とその組織や権限が、第七章で「執行機関」として、その第二節に知事や市町村長の地位や権限について規定されています。よく、知事と県議会が県行政の両輪と呼ばれるのはこの憲法および地方自治法の建付けによるところです。

公務員として仕事をして、日頃、憲法や地方自治法を読み込むなんてことはまずありません。しかし、民主的、能率的、住民の福祉の増進といった言葉は業務の端々に染み着いているように感じます。議会（県議会）も執行機関（県庁）も住民の福祉の増進を基本とすることに違いはなく、住民へのアプローチの仕方に若干の違いがあるのかと思います。端的に言うと、議会は選挙、執行機関は許認可や住民への事業説明等々でしょうか。勝手ながらもっと平たく言うと、議会は法に基づく多数決の場であって、執行機関は法に従う照合の道具になると考えます。

国会は日本国憲法で年一回の常会を開くことが決められていますが、県議会は年四回の定例会が基本になります。だいたい六月、九月、十二月、二月となりますが、諸事情により若干前後することがあります。本庁の職員はこの定例会開会中は一般質問や委員会質問への対応ですごくピリピリします。議員も行政職員も「県民のために」との思いは一緒ですから、思いが通じる時には質問と回答がほぼほぼ出来レースの場合もありますが、議員は議員で選出母体となる組織や地域があるわけで、その思いを代弁しようとしたときに、行政の考え方とは相容れない場合だってあります。行政側はなるべく波風が立たないようにしたいものだから、というよりも思い込みによる間違った情報を発信したくないから、様々な情報を集め、関係者が寄って事前打ち合わせを行い、一言一句言葉を選んで答弁案を準備して議会に臨みます。しかし、議員との関係は議会の一発勝負ではありませんので、日頃から個人的にご一緒する時には経験談も交えて意見交換することもあります。サラリーマンとは視点の違う面白い話が聞けることもよくあります。少し緊張はしますけど。

民間感覚と行政

県庁に入ってまだ間のないころ、用地交渉に行った先のおばあさんから、「あなたはまだ、お若いのに、（県庁へ入れるなんて）良いコネがあったんやね」と言われたことがあります。即座に、「いえいえ、コネなんてないですよ。試験ですから」と返しましたが、当時（昭和の時代）の年配者にとっては、まだまだコネクションが有効な武器であり、県庁は最も優良な就職先であるから、採用されるためには有効な武器を最大限活用しなければ到底及ばないものと思われていたようです。それにしても若いことと何が関係するのだろう。

しかしながら、地方にとって県庁が最も優良な就職先の一つであることはあながち間違いではありません。少し話はそれますが、総務省のデータをもとに消費者庁が整理した「都道府県別従業者規模別企業数」という資料をネット検索で見つけました。平成二十四年のデータということなので、少し古いのですが、これによると、全国四百十三万社のうち従業者千人を超える企業が全国に四千社（〇・一〇パーセント）あるそうです。東京都では四十七万社の内千七百社（〇・三六パーセント）だそうです。やはり全国平均よりも大企業の数が多いようです。そして同じ整理で、和歌山県では四万社のうち、従業者千人を超える企業はたった九社（〇・〇二パーセント）なのです。これはあくまで民間企業の話で、単純比較はどうかとも思いますが、和歌山県庁では一般行政職員だけで約三千五百人が働いていますから、一大企業なのです。先のおばあさんがこの数字を知っていたとは思いませんが、肌感覚として、「県庁就職」イコール「大企業で将来安泰」という風に感じるのも無理のない話です。因みに人口千人当たりの企業数でいうと、全国平均約三十三社に対し、東京都で三十四社、和歌山県で四十四社、企業の数は多いんです。つまり、小規模な企業、もっと言うと家族企業的な会社が多いことがわかります。

そのような背景があってかどうかわかりませんが、県庁職員は「融通が利かない」とよく言われます。法的に白黒はっきりしている場合は融通が利く方がおかしいとは思いますが、グレーの場合であっても融通を利かせるわけではなく、県民の視点、相談者の視点、困っている方の身になって考えるのが当然でしょう、と思われています。でも、地方公務員法「第三章　職員に適用される基準」の「第六節　服務」「第三十条　服務の根本基準」として「すべて職員は、全体の奉仕者として公共の利益のために勤務し、且つ、職務の遂行に当たっては、全力を挙げてこれに専念しなければならない」とあります。そう、「公共の利益のため」なのです。個人の意見に左右されて、人によって対応がブレるようではいけないのです。だから融通が利かないのはある意味当然かも知れません。しかし、公務員は法律の下で、自分たちの新しいルールを作ることもできます。現に目の前の事象に法に則って対応することに加え、困っている方の視点を参考に、将来を見据えたルールを作ることができます。四角四面な言い方かも知れませんが、一部の有力な意見に流されて融通を利かすのではなく、一つ一つの声を拾いあげて新しい種を植えるのが公務員の仕事、醍醐味なのだと思います。それなりにエネルギーが要りますけどね。

さて、防災対策における民間感覚と行政の話に移ります。

平成二十三年紀伊半島大水害のとき、和歌山県内で最も甚大な被害の発生した地域の一つである那智川流域で、道路規制をするために現地に派遣された建設部の職員は、巨石と濁流に流された集落を前に、自分たちのなすべきことはこれでよいのか悩んだそうです。つまり、被災者に寄り添った対応（被災者の救助とか被災家屋の瓦礫撤去とか）をするべきではないかと。

自衛隊員であれば当然の指揮命令系統ですが、消防隊員とか警察官でもヒエラルキー型の命令系統で、今なすべき業務をどの地区の何々業務と縛っています。それは大抵の場合、人命救助に直結するものですし、組織として動かなければ何ともし難いような業務を負わされています。それに比べて道路規制となると、よく考えれば重要な業務の一つであることは理解できても、現場にポツンと一人置かれた時にはいろんな意味で不安を感じます。私自身若い頃、まだ携帯電話のない時代ですが、大雨で道路冠水した現場を規制するために、バリケードの横で一日立ち続け、自分のするべき業務は本当にこれでいいのかと自問しました。民間感覚からすれば「そこはバリケードに任せて、それでも突っ込んだ車は自己責任でしょ。」ということになるかも知れません。そこは否定できません。だからこそ、行政は今ここで何をすべきかを明らかにしていかなければ一担当職員は業務を続けられなくなります。災害対策本部で人命救助、被災地支援の方針と併せて、道路規制と啓開について、そして公共土木施設の応急復旧対策の見込みについてアナウンスされるべきなのは、現場における認識を共有するためでもあると思います。

公共の福祉と利益供与

公共の福祉って何だろう。日本国憲法第十二条では憲法が国民に保障する自由及び権利を常に公共の福祉のために利用する責任を負うとあり、第十三条では公共の福祉に反しない限り国民の権利が尊重されることを謳っています。つまり権利行使に一定の制限を加える規定になっています。『広辞苑』によると、「福祉」というのは幸いということ、「公共の福祉」とは社会全体の共同の幸福、基本的人権との調和が問題にされる、とあります。憲法に使われているのはまさに基本的人権との調和に関わる部分だと思われます。そして、公務員の役割は公共の福祉を追求することだと思います。

公務員は「公共の利益のため」に働くと言われながら、利益を追求してはいけないかのように言われます。きっと儲かって得をするのが誰か、儲けに相当する額を負担するのは誰かというところが引っかかって、「公共の福祉」に抵触するからだと思います。とは言いながら、近年、民間感覚を学ぶために、若手職員が民間企業で研修を行うようになりました。その民間感覚というのは業務の効率化とか、利潤の追求ということかと思います。確かに業務の効率化というのは必要なことです。そして利潤に直結する話だと思いますが、経費節減は民間感覚に学ぶべきところが多々あると思います。

土木行政にとって公共の福祉とは何でしょう。一般の方が通行する道路を建設することは公共の福祉であるし、ちょっとした雨で溢れる河川を改修し安全性を高めることもそうでしょう。今ではこうした事業に着手する時には事前評価を行い、費用対効果を検討し、効果が認められた事業について取り組むような制度になっています。

防災事業の場合、予防、発災直後の応急対応、その後の復旧対応など、一連の事業は地域社会の安全性を確保する意味では公共の福祉でしょう。しかし、個人財産の資産価値を高める場合には若干の検討が必要かも知れません。例えば個人宅の耐震補強や被災住宅支援などは、いざ災害が発生し多くの家屋が倒壊した場合を想定し、その被災家屋による公共施設（公衆用道路など）への影響や社会機能の復旧、一刻も早く日常生活を取り戻すことなどを考慮して、個人資産へ税金を投入しています。

かつては税金による利益供与に敏感になりすぎて、行政による支援は公的機関に対する支援しか考えられないようなこともありましたが、結局は被災者一人ひとりが立ち上がらなければ地域の復旧・復興はないと判ってきて、阪神・淡路大震災以降、経験を積み重ねながら、より効果的な活動が模索されていると言えます。

しかし私たちは、別な視点からもしっかり考える必要があります。つまり、災害時の応急的な税金の投入はいつまでも継続できるものではありません。なぜならば災害はどこで起こるかわからない上に、毎年のように違う地域で違う原因で違う様相を呈して発生するからです。そして、地域社会がそこに住む住民の活動によって経済を回さなければ、真に災害からの復旧・復興とは言えません。カネを支援しておしまいではだめです。次につながる、復旧・復興につながる支援を考える責任が地方行政を担う公務員、社会の一員としての公務員にはあるのだと思います。

第六章　防災を研究する

防災を研究するというのは昔からあったのでしょうか。京都大学が防災学講座として出版物を出したのが平成十五年です。この出版物は京都大学防災研究所創立五十周年を記念して、それまで継続して実施された同名の講座のテキストを編集して出版されたそうなので、防災を研究すること自体、戦後まもなくからの歴史を持っていることになります。また、それまでも単発的に防災学と名のつく出版物はありますが、防災を学問として体系的に整理されたのは私の知る限りこれが初めてではないかと思います。それまでは土木でいうと構造力学、材料学、水理学、河川工学、橋梁工学、地盤工学、都市計画学等々科目はいろいろありますがその中の耐震基準や流下能力などの災害耐力を研究していたのが防災であって、あくまで計画・設計の一部でした。また、防災というのは対症療法であって、訓練こそすれ研究にはなじまないようなイメージがあります。

では防災学って何だろう。災害対策基本法では第二条（定義）で「防災」について、「災害を未然に防止し、災害が発生した場合における被害の拡大を防ぎ、及び災害の復旧を図ることをいう」と定義されています。至って実務的な表現で、これを学問として扱う余地はあるのかという気がします。一方、「災害科学」といえば自然現象によって人が受ける被害の原因を科学的に調査研究することでしょう。「防災活動」といえば水防・消防はじめそうした被害が起こった時に何をするかということであるし、「災害対応」といえば防災活動を含め、災害前には被害軽減のための事前準備や被害抑止、災害予知と早期警報など、また、災害が発生すると被害状況を評価して緊急対応、復旧・復興へとつながる一連の行動です。さらに「災害対策」といえば災害対応を含め、個々の事業（例えば道路を整備するとか、家を建てるとか）や管理（例えば道路管理やビルメンテナンスなど）の中でいかに災害と向き合うか智恵を絞って実行することなのでしょう。

さて、そこで「防災」ですが、災害対策基本法の中で定義されているのですから災害対策の一部である一方、災害科学や災害対応、災害対策を包含した言葉としても使われます。よくわからないと愚痴をこぼしたくなりますが、日本語的には後者の意味合いが強いような気がします。ただ、忘れていけないのは、「防災」を研究し、「防災学」として体系化するにあたり、いろんな学問分野を取り込んでいかなければ解決しないということです。私自身は大学で土木を学んできたので、どちらかというと工学的思考をしますが、工学の中にも建築や機械・電気・エネルギーなど様々、災害の原因はというと理学の分野であるし、災害で人が怪我をしたとなれば医学や看護学だし、まずは逃げようとなると心理学や人間科学、助け合おうとすると社会学、情報を収集・発信となれば情報学、過去に学べとなると歴史学、並べ立てれば限《きり》がありませんが、「災害」をキーワードとして、これらの学問の成果を如何に取り込み活かしていくかを考えるのが防災学であり、防災研究なのではないかと思います。一言に様々な意図を含み、結局具体に何を言っているのかわからないのに、皆に降りかかる大切な事象と言わんばかりの重みをもつ、という所がいかにも日本語的、日本人的風土から生まれた言葉ではないでしょうか。

一．査読論文って何？

研究者としては、研究したことの成果は公に発表し、意見をいただいて、評価されなければなりません。防災研究でも同様です。その発表の場の一つが学会です。

ある同僚職員が人づてに私が論文を投稿し雑誌（学会誌ですが）に掲載されたことを聞いて、「論文掲載料っていくらぐらいくれるの？」と聞いてきました。「くれる？　いやいや、払うんだよ」と笑って答えました。

研究の成果は社会に還元できてこそ成果です。自己満足だけだと意味がないとは言いませんがその価値はうんと下がってしまうでしょう。では一本の論文に、社会に還元できるほどの価値があるかどうかを判断するのはどうしたらいいのでしょう。学会等が論文集に掲載するにふさわしいかどうかを判断するために行うのが「査読」という手続きです。

参考として土木学会の土木学会論文集投稿要項によると、査読は、「投稿原稿がその分野においていかなる位置づけにあるか、新しい観点からなされた内容を含んでいるか、研究・技術成果の貢献度が大きいか、等の点について、新規性・有用性・完成度・信頼度の項目に照らして客観的に評価する」とあります。客観的に評価するといっても独創的な成果を評価するのは大変難しいことかと思いますが、私なりに大切に考えているのは、自分なりに社会の課題を見つけ、それを解決するための方法なり提案なりがしっかりと論理立って説明できているか、そしてそのことが誰かの意見の焼き写しではなく、自分の意見としてまとめられているかどうかが問われているということです。

若いころから何本も論文を投稿しました。懸賞付き論文だと賞を取らなければなしの礫です。しばらくたって主催者が受賞者の発表をして、自分が選ばれなかったことを知ります。一般論文だと親切なところは「今回の投稿は選にもれました。また次回以降の投稿をお待ちしています」といった案内をくれるところもあります。査読論文だと登載可、登載可（ただし修正が必要）、条件付登載可、根本的な修正がなされなければ登載不可、登載不可といった連絡が来ます。この判断を決めるに至る過程が査読です。査読をするのはやはり同じ分野を研究する研究者ですから、場合によっては「ちくしょう、先を越された」というのもあるでしょうし、「こんなことは既に他の研究者が発表しているよ」というのもあるでしょう。もちろん査読する側は冷静・客観に評価しなければいけないのでしょうが、そうした批判や感情を越えて納得してもらえるように、査読論文は記述されていなければいけないのでしょう。そのために時には体裁にこだわることもあります。

「この論文は一定の体裁を整えていないため、論文として採用することは不可です」

こう返されたのは英語のアブストラクトを記載していないときでした。三十年ほど前にはまだ翻訳アプリなどは当然ないですし、私の拙い英語力ではほんの数行の英語の文章を作るにも相当な労力を要しました。中身がしっかりしていれば見てくれるか、と思って提出期限ぎりぎりに送ると、案の定、先のように返されました。

「既往研究の整理ができていません」と返されたこともありました。私が初めて論じた観点だから既往研究なんてあるわけないでしょ、と思ってもみましたが、初めてかどうかはこれまで世間でどのような研究が進められてきたのかを示さなければわからないことですよね、ということを最近になってようやくわかってきました。今ではネット検索でたくさんの論文を読むことができます。そうすると似たような考え方で取り組んでいる研究って結構たくさんあります。それらの研究との違いを明らかにしておかなければ、査読における「新規性」を主張することにはなりません。自分が最初だなんて、自分の中では強い思いがあったとしても、示さないと伝わりませんよね。言葉にしなければ理解されない、なんかどこかで聞いたことがあるようなフレーズです。

令和二年七月のことです。かねてより学会に投稿していた査読論文に修正意見が付いて返されました。「根本的な修正がなされなければ登載不可」ということです。その時は「修正すれば登載可だ、よし、頑張ろう」と一瞬思ったのですが、通知には所見として、「査読意見では、研究目的や研究手法の採用理由とその意義など論文の根幹に関わる指摘が多く含まれています。その提案に沿って記述を見直すだけでは査読意見に応え切れていない可能性があることに留意し、丁寧な修正を心がけてください。ただし、査読意見を踏まえた修正であっても、全く別の研究手法を全面的に採用して事例を分析し直すなど、当初投稿された論文とは全く異なる論文であると判断された場合、新規の査読論文としての投稿を求める場合があることにもご留意ください」とも書かれてありました。査読者の意見を読んでいると、私自身は新しい手法を適用した事例紹介のつもりで取り上げたところが、採用理由と意義を求めるというものとなっています。所見ではさらに「対応が難しい意見も含まれていると思いますが、じっくりと取り組んでいただければと考えております。修正原稿をお待ちしております。」とものすごく丁寧に励ましていただきましたが、指摘に沿って修正すれば全く異なる論文になることは明らかでした。共著者である宇都宮大学の先生と相談し、修正・再提出することを諦めました。その時、先生から、「この論文をしっかりまとめ直して、学位に挑戦しませんか」とエールをいただきました。ちょうど宇都宮大学では、翌年に組織改編を予定しており、大学院に新しく地域創生科学研究科先端融合科学専攻なる研究科ができ、併せて社会人枠が作られるということで、私は先生からのお誘いに飛びつき、大学院受験に向かうことになりました。還暦間近の挑戦の始まりです。

二．学会って何？

査読論文が認められると、たいていは学会発表がセットで負荷されます。査読の段階でもいろいろな意見をいただいてより良い論文となるように修正を加えますが、さらに不特定多数の人前で発表することにより、専門でない人の意見も含め、より一層の意見をもらうことで研究内容をブラッシュアップしていきます。地方自治体の職員をしていると、人前、しかも大勢の学者・研究者を前に話をする機会というものがないので、緊張します。私にとっては大学の卒業論文発表会以来かも知れません。

発表会は学会の一側面に過ぎません。では何をする組織なのでしょう。例えば土木学会では「土木工学の進歩および土木事業の発達ならびに土木技術者の資質向上を図り、もって学術文化の進展と社会の発展に寄与する」ことを目指してさまざまな活動を展開しているとホームページに記載されています。また、地域安全学会では「生活者の立場から地域社会の安全問題を考え、地域社会の安全性の向上に寄与する」ことを目的として、「横断的な幅広い大学等の研究者・民間企業等の技術者・国や地方自治体の実務家が互いに協力しあって、地域の安全問題に関する研究を行い、自由に意見交換し合い、具体的な提言をしていきます」とあります。つまりは社会貢献が目的であって、そのためにいろんな職場、いろんな立場の人達が集まって交流する場をつくり、まとめた意見については組織として社会に発信していこうというものだと理解できます。

私は地域安全学会の人材育成委員会というところに参加していたことがあります。委員会という名前ですが、学識経験者を寄せて何らかの課題解決に向けたテーマに専門的な意見を求めるといったものではありません。研究者や国・地方公務員、民間の実務者が集まって、それぞれの取り組み状況などを意見交換する場となりました。具体的には私は自治体の研修に関するグループに入り、災害エスノグラフィを活用して、地方自治体職員の防災力を向上させるための訓練・研修のあり方をまとめていこうとするものでした。私は当時、防災担当で、地域防災力醸成に向けて、簡易な訓練手法（Y—N式訓練、五択式訓練）や現場調査を兼ねた実践式情報伝達訓練などを提案して県庁県土整備部の中で取り組んでいました。そうした実績を踏まえて委員会に誘っていただいたと思います。当時私の所属する課の課長から、「委員会というのだから、委員は課長にしておく方がよいのでは？　もちろん委員会には太田さんが代理出席で行っていただくということで良いのですが」と声をかけられました。「そんな大変な委員会ではないので、私の名前で十分です」と返しましたが、行政というのは組織や役職を重んじるところだなと思いました。行政では担当者が論文原稿を書いて知事や部長、課長の名前で発表するというのはよくあることです。もちろん内容は組織として取り組んでいることをまとめたものであるし、提出にあたって最終確認はしてもらいますが、役職についた人の名前が組織の代表者であり、その論文原稿の責任者だという考え方でしょう。この時の委員の名前も組織の役職をつけておく方がよいのではないかという趣旨だと思います。だけど大学の先生や研究者といった方々の考え方は全く違うと感じました。そもそも自分で考えて自分で研究しているわけだし、共同研究であっても自分の分担したところは自分の責任で、もちろん自分の名前で発表することが当たり前の世界です。組織を重んじる行政とは少し違います。というわけで、私は人材育成委員会に委員として参加し、多くの方々と普通に気軽に肩肘を張らず意見交換する楽しさを味わうことができました。委員の中には、当時、大学教授や国の参事官、自治体の課長などなど、本来の立場でいくと、とても対等に席を並べることなどできない方々ばかりでした。

ちなみに、投稿論文の著者名の話ですが、組織としての取り組みを広く周知することを目的とするためには役職ある方の名前が重要になることも往々にしてあります。また、特に行政では、行政文書（許認可通知や法律上の意見書など）は権限の所在する役職名とその個人名で発出することが一般的なので、そのルールに従う癖がついています。一方、その論文が学術論文の類であれば、知的財産権のことを考えるとその論文の主要部分を書いた人が著者となるべきでしょう。よくよく読んでみると書いた人の表現に特徴があったりすることもよくあります。仮に末端の担当者の名前であっても所属をしっかり書き込むとか、共著者、責任著者といった扱いもあるのだから、書いた本人に何らかの権利を与えるような発表の仕方が望まれると思います。もちろん権利の背景には責任が伴うのは言うまでもありません。その責任はまた、分相応の方々（もちろん著者自身も含めて）がその責任度合いに応じて分担できる仕組みになっていることも必要なことではあると思います。

三　研究って何？

長らく行政で働くと白黒はっきりしなければ取り組んではいけないかのような錯覚にはまります。行政の中にも研究職はありますが、大半は一般行政職です。業務を平たく言えば、「法令、条例、地方公共団体の規則及び地方公共団体の機関の定める規程に従い、且つ、上司の職務上の命令に忠実に」従って職務を遂行するように義務付けられています（地方公務員法第三十二条）。そのほか、信用失墜行為の禁止とか、秘密を守る義務とか、職務に専念する義務とか、様々な制約の下で決められた仕事をすることが公務員であるかのように育てられます。一方、研究というと、組織的な研究テーマなるものもあるのでしょうが、基本、自分自身の興味と疑問に応えるように課題を設定して解決に向けて取り組むというイメージがあります。

だけど一般行政といっても、業務上の疑問が全くないわけはありません。特に土木行政であると現場にも出向きますので、例えばここに橋を架けるにはどうすればうまくいくだろうかとか、興味をそそれることもあります。地元の方々と話をする中で、ストレートに意見を伺って、自分たちのやり方に疑問を感じることもあります。一般的には地元調整とか設計変更とかドライな対応になるのでしょうが、個人的にはそんな興味や疑問を持って、関係者に集まってもらって意見を出し合って、「研究」することがあってもいいのではないかと思います。こんな新工法を使ってみようかといった若干の遊び心があってもいいと思います。もちろん目の前の現場を動かすために、ゆっくりと時間をかけるというわけにはいきませんが。

そんな気持ちで、私は公務員現職の時から学会とのかかわりを続けてきました。一人で勝手気ままに行動すると公務員失格と言われかねないのですが、学会の名を借りればそれなりに新政策です。そして業務の中でもいろんな意味でチャレンジしてきました。それが私なりの「研究」だと考えています。もちろん研究職が行う研究ではなく、行政職が取り組むべき研究という意味です。

防災を担当すると、少し年上の先輩から「お前たちは災害が起こらなければ暇でいいよな」と、嫌みでも何でもなく、純粋無垢にそう言われたことがあります。先輩方にとって災害対応は先に述べたとおり対症療法であって、「災害復旧事業」のルールに決められたとおりに業務をこなすことだけが業務だと思われているのでしょう。そこに「研究」などの発想がないことはもちろん、災害が起こるまでは「待つ」ことが仕事で「鍛える」ほどに難しい業務だとは考えられてもいないのだと思います。日頃、土木事業として数十億円の予算を動かしていると、予算の見えないところに業務があること自体が受け入れられず、わずか数百万円の金額（もちろん一般感覚でわずかなわけはありません）をいわゆる研究のために予算化しようとすると、慣習という抵抗勢力からものすごい攻勢を受けて、予算を通すためには並々ならぬエネルギーが必要となります。行政にだって、災害対応だって、解決すべき疑問はあるのです。だから研究するべき課題はあるのです。

四．大学院って何？

大学院への挑戦。若い頃から心のどこかで焦っていたのかも知れません。大学ではそつなく単位を取得するものの特段成績が良いわけでもなく、理系では同級生の半数が大学院へ進む時代に安定した職を選んで地元の県庁に入り、私が下っ端のまま二つ三つ目の職場というころには国家公務員となった同級生は本省の係長でそれなりの仕事を任されてバリバリやっていました。どこかで「人の能力は職場では決まらない」と思いたかったのでしょう。

さて、大学と大学院、何が違うのだろう。何か研究するところでしょう。まあそんなところではあるのですが。

学校教育法という法律があります。実はこの法律の中で幼稚園、小学校から大学、特別支援教育や高等専門学校や専修学校まで、その目的や体制など細かく整理されています。学校教育法第八十三条の第一項「大学は、学術の中心として、広く知識を授けるとともに、深く専門の学芸を教授研究し、知的、道徳的及び応用的能力を展開させることを目的とする。」また、第二項「大学は、その目的を実現するための教育研究を行い、その成果を広く社会に提供することにより、社会の発展に寄与するものとする。」とあります。取っ掛かりから「学術」って何だろうと考えてしまいますが、「知識を授け」「学芸を教授研究し」「（様々な）能力を展開させる」ということだろう。ん？　誰に？　直近は学生にということなのかも知れません。では大学院とは、第九十七条「大学には、大学院を置くことができる。」とあって、大学の一部の扱いなんですね。だから「大学院」という学校はないのに「大学院大学」というよくわからない名前の学校が存在するのです。そして、第九十九条「大学院は、学術の理論及び応用を教授研究し、その深奥をきわめ、又は高度の専門性が求められる職業を担うための深い学識及び卓越した能力を培い、文化の進展に寄与することを目的とする。」と大学院の目的が定められています。「理論及び応用を教授研究し」「深奥をきわめ」「能力を培い」ということで、大学に比べ、研究者（学生含む）自身がより深くより高くといったところを極めるということでしょうか。「社会の発展」が「文化の進展」に変化しているところも意識してかどうかはわかりませんが、奥深さを感じるところです。

そして、第百四条第一項「大学は、文部科学大臣の定めるところにより、大学を卒業した者に対し、学士の学位を授与する」のに対し、第三項「大学院を置く大学は、文部科学大臣の定めるところにより、大学院の課程を修了した者に対し修士又は博士の学位を授与する」ことが、さらに第四項「前項の規定により博士の学位を授与された者と同等以上の学力があると認める者に対し、博士の学位を授与することができると決められています。

五．博士課程って何？

前節の最後に学校教育法第百四条を紹介しました。これは大学による学位授与の規定です。この条項によると、学士と修士は卒業または課程を修了したら授与されるものですが、博士は修了して授与される場合（課程博士）と、その場合と同等の学力があると認める者に対し授与される場合（論文博士）の二通りあることがわかります。

私がまだ学生だった頃（およそ四十年前）、大学には学部と大学院があって、大学院には修士課程と博士課程があったのですが（言葉としては今も同じ）、大学院といえばほとんど修士課程のことを指し、「大学院へ行く」と言えば修士課程へ進むことを言いました。修士課程は二年、博士課程は三年、今も昔もこれは変わりません。

県庁に入って知ったのですが、大学院修士課程の二年間は給料表上実務経験として計算されます。つまり、修士課程を修了して就職した人は学部を卒業して二年経った人と同等の扱いをされます。逆に学部を卒業して採用となった人は同期入庁の修士修了した人より二年遅れということになります。同じ試験を受けて同じように採用された同期入庁なのに、です。しかし、この事務扱いの中に博士課程は考慮されていません。博士というのは異質なステータスなのでしょうか。

さて、今では、大学と大学院という区分けがあって、大学院は前述のようにどっぷりと研究に浸かろうとするものなので、基本は博士課程だという考え方なのでしょうか。その中に博士前期課程と博士後期課程があります。もちろん前期を修了すると修士の学位、後期を修了すると博士の学位が授与されます。意識の上では、大学は学ぶところ、大学院は研究するところ、そして研究の課程の中で研究をより極めたものが博士課程（博士後期課程）と理解していいと思います。

私はというと、宇都宮大学の先生から学位取得へのチャレンジの機会をいただきました。普通に考えると、一度は失敗した論文を再度書き直し、もちろんしっかりと理論的な肉付けをしたうえで、博士論文としてまとめ、認めていただくという手段がパターンなのかと思います。いわゆる論文博士です。今一つは大学院博士後期課程に入学し、課程を修了することで学位を取得するのが課程博士です。どちらが大変なのかはよく分からず、そしてまた、宇都宮大学が組織改編することをきちんと調べることもなく、何となく学生にあこがれて後者を選びました。ところが、前述で大学院について詳細を説明したとおり、博士課程というのは正式には博士後期課程なのです。前期はどうするの？　そう、私は学部卒なので、学歴的には飛び級になってしまいます。大学から修士課程修了程度と同等の学力があることを認めてもらわなければ受験すらできません。それはすなわち修士論文レベルの研究成果があるかということになります。幸いにして、私は県庁での防災に関わる実務経験に加え、それまでに（査読論文の修正を断念する以前に）積み上げた論文発表の成果を提示し、出願資格審査を経て、受験資格を認めていただきました。そして大学院の受験です。

大学院博士後期課程の受験はその時点での学力を問うというよりは、学力があることは当然の資格で、むしろ入学してからの目標が問われます。研究実績と職業経験と研究計画を合わせ持ち、三年間の研究生活（もちろん仕事をしながらという前提）で博士論文に値する研究成果が得られるかどうか、が問われます。試験は面接が主ですが、還暦を目前にした学生を受け入れてよいものかどうか、学内ではきっと大変な議論があったものと思います。指導教官となる予定で、私の背中を押してくれた先生もきっと大変な思いで乗り切ってくれたのでしょう。ともあれ、無事に大学院に合格し、晴れて宇都宮大学大学院地域創生科学研究科博士後期課程一期生となりました。専攻は先端融合科学専攻で、専門選択科目としてはグローバル地域デザインプログラムを履修しました。実は分不相応の重い挑戦ではありましたが、スタートラインに立つことができました。

私の大学院での成果は前述のとおりですが、学位を授与されることがゴールではありません。むしろ研究者としてのスタートラインに立ったばかりです。あれ？　スタートばかり！　人生走り続けてなんぼの世界なのでしょう。

終章　無いことを嘆くより、有るものを使え

本書の冒頭に登場した大門川、この川の名前は「秀吉の三大水攻め」の一つとして有名な太田城の大手門がこの川を渡ったところに建っていたことに由来すると言います。近くには秀吉が築いたとされる水攻め堤防の残骸があります。現在の大門川は昭和の時代に改修された大きな川ですが、水攻めというぐらいで、元の川もさぞかし大河川であろうかと思いきや意外と小さく、雨水排水路として、今も住宅地の間を流れています。因みに川の名前の由来となる大門は和歌山市内の寺院の山門として現役で利用されています。

時は流れて、令和五年九月二十九日、私は晴れて宇都宮大学から博士（工学）の学位を取得しました。論文のテーマは「緊急時における土木行政による災害対応マネジメントの研究」です。緊急、土木、行政、マネジメントと、どの言葉も面倒くさく感じます。でも災害はだれの身にも降りかかります。「何でこんなことしないといけないのか」と思いながらも「よしやるぞ」と思うきっかけになる本にしたいと思いました。

実はこの本を書くことを思い立ってまもなく、令和六年一月一日午後四時十分石川県を中心に能登半島地震が発生しました。私が今すべきことは「これ？」と自問自答しつつ、今できることを一つひとつ

進めることにしました。

「無いことを嘆くより、有るものを使え！」

私にとって有るものとは三十数年の地方公務員の経験だと思い立ちました。被災地の苦労を思うと烏滸がましくって「防災」の経験なんて言えるものではありませんが、間違いなく地方公務員として地方の災害対応には参加してきました。

様式を翳《かざ》し意図を酌まなくなった上司、形式を拒みスーツを着なくなった公務員、効率化を求め辞令を渡さなくなった異動、外ばかり見てチームを見なくなったリーダー、意思を主張するあまり他人の意見を聞かなくなった立場ある私。実はそれ、コネクトの機会をなくしているかも知れません。コネクトなくしてコミュニケーションはあり得ません。回顧を美徳する気はないですが、自己主張をワントーン落として組織社会に身を置くことがあっても良いのかな、それが私流の「渾沌」なのかも。そんな思いを含んで、組織、組織間、そして組織行動の在り方を再考してみた、というのが本書の趣旨でもあります。

本書には研究の成果として実在の自治体の状況が記載されています。その内容はあくまで私自身の心象を事実として表現したもので、そのことは立場をかえれば必ずしも真実とは限らないかも知れないことをご容赦下さい。研究とは本来、客観的事実に基づき理路整然とした考察を積み重ねて成り立つものです。思い込みの累積を経験と勘違いして並べ立てても無理が生じるということは重々承知していま す。しかしながら地方行政というものはある意味経験則を法という糊で固めたようなところがあって、俯瞰して内情を見ることが難しいところでもあります。堅くコーティングされた表面は外から温めても懐柔できるものではありません。内部からの熱も必要だと考えます。

全国に地方公務員は二百八十万人いるそうです。そのうち一般行政は九十四万人、さらにそのうち都道府県職員は二十四万人だそうです。国家公務員の一般職員数が約三十万人ですから、多いのか少ないのか。

本書は私の経験と研究の成果を漫然とまとめたものです。私は地方公務員として「現場目線」（しっかり観察、程よい距離感）を心がけてきました。若い頃には災害対策をプレゼンするにあたり「三つの知る」（災害を知る、弱点を知る、対策を知る）を基本に組み立てることを教えてもらいました。自分自身がチームをまとめていく立場になって「四つの力」（想像力、判断力、行動力、調整力）を考えて人材育成に取り組みました。そしてこの度、現場を指揮する立場として災害対応に必要な「五つの要素」（スピード、コミュニケーション、インフォメーション、プランニング、プレゼンテーション）を、行動を起こすためのトリガーとして提案しました。これまで暗黙知とされてきたであろうことの断片を本書にまとめ現すことで、現場で活躍する現役世代の方々の背中をそっと押してあげられたら素晴らしいことなんだけどなと、独りよがりで思いつつ、地方公務員を目指す学生諸子、また現役の地方公務員の皆様、そして様々な組織に属する諸兄諸姉に目を通していただき、少しでも、またほんの一部でも参考にしていただけると幸いです。

最後になりましたが、私が和歌山県庁を無事に定年まで勤めあげることができましたのは、ひとえに諸先輩方、同僚・後輩の皆様方、そして行政推進に係る地域の方々のおかげであり、ここに改めて感謝の意を表するとともに、研究にご協力いただきました関係者の方々、研究をサポートしていただきました宇都宮大学地域デザイン科学部の近藤伸也准教授、研究室の皆様、並びに学位取得に向けて多大なるご指導をいただきました諸先生方に敬意を表します。ありがとうございました。本書の出版に際し、自然環境研究オフィスの柴山元彦先生、東方出版（株）の北川様には構成に関わる適切なご助言をいただき、ありがとうございました。最後に、こんな私に帆走し常に適時的確にアドバイスを発してくれる妻と息子たちに感謝します。そして今後ともよろしくお願いします。

用語解説

(1) 災害名を表す言葉

「阪神・淡路大震災」というのは災害名、自然現象を表す言葉としては「兵庫県南部地震」と言います。同様に「東日本大震災」は「東北地方太平洋沖地震」です。台風災害の場合も同様に名付けられます。「令和元年房総半島台風」というのは令和元年九月の「令和元年台風第十五号による災害」で、房総半島を中心とした各地で暴風等による被害が発生したものです。気象庁は自然現象の中で特に日本に甚大な被害をもたらしたものに災害名を付けます。また、同じ時期に起こった災害であっても地域で独自の呼び方をする場合があります。例えば令和二年の七月三日から三十一日にかけて西日本から東日本の広範囲にわたる長期間の大雨が降り、気象庁では「令和二年七月豪雨」という災害名をつけて整理されていますが、熊本県ではこの時、球磨川などの河川氾濫や土砂災害による甚大な被害が発生したことから、「熊本豪雨」と呼ばれています。台風自体の名前には三通りあります。例えば、令和元年に関東地方を襲った「令和元年東日本台風」は災害名として使われている台風名ですが、もともと台風というのは発生年と発生順で呼ばれていて、東日本台風の場合は「令和元年台風第十九号」です。しかし、台風というのは太平洋沿岸の関係国に少なからず影響をもたらすことから、平成十二年以降は共通の名前（アジア名）を付けることになっています。それには事前に関係国が持ち寄った名前が準備されています。東日本台風の場合は「ハギビス」という名前で、フィリピンの命名、意味は「すばやい」だそうです。アジア名は基本的に百四十個の名称を繰り返し使うことになっていますが、大きな災害をもたらした台風はそのアジア名を以後の台風に使用しないように変更することがあります。ハギビスという呼称は東日本台風の被害を受けて、以後変更され使われていません。

「紀伊半島大水害」という災害名は自然現象から表現すると「平成二十三年台風第十二号による豪雨」となりますが、この災害名は気象庁が命名したものではありません。被災後に設置された、国と被災三県（奈良県、三重県、和歌山県）による「紀伊半島大水害の復旧・復興に関する国・三県合同対策会議」で決定したものです。

このように、同じ自然現象による災害を表す言葉であっても様々な呼び方があることに注意が必要です。

⑵ 災害の現象を表す言葉

主な自然災害として、豪雨災害、地震災害、土砂災害で気になる言葉を整理します。

豪雨災害の「豪雨」というのは気象庁の用語解説によると、「著しい災害が発生した顕著な大雨現象」ということです。著しい災害とは、激甚災害、命名された大雨災害のことで、既に命名された現象もしくはそれに匹敵する過去事象に対する使用に限定するということです。この豪雨によって引き起こされる災害の現象として、洪水、溢水、越水、破堤、洗堀、浸水、冠水、路肩欠損について国土交通省ホームページの「川の防災情報」や『広辞苑』などから抜粋し説明します。

「洪水」とは二つの意味があります。①大雨により川から水があふれて氾濫すること（一般用語として使われる）、②大雨により川が増水すること（主に土木用語として使われる）。行政では各河川の観測所ごとに洪水流量（水位）を決め、時々刻々変化する河川の流量を平常時と非常時に区別しています。洪水予報などの情報は川の水位の状況や今後の見込みを広く伝えるために発表される情報。洪水調節とはダムに洪水の一部を貯めて、下流河川の水量を減らして水位を下げること。洪水警報とは増水や氾濫により重大な洪水災害が発生する恐れがあると予想したときに発表される気象警報。「溢水」とは川の水が堤防のないところからあふれ出る現象のこと。「越水」とは川の水が堤防を乗り越えてあふれ出る現象のこと。「破堤」とは堤防が切れて崩れること、よく似た言葉で決壊という言葉があり同じような意味で使われますが、こちらは堤防以外にも使われます。「洗堀」とは河川堤防や橋脚の裾の部分が水の流れで深く掘り下げられること。「浸水」は降った雨や川の氾濫した水などが家屋等に入りこんで水に浸ること。被害状況の報告で床上浸水や床下浸水などと使われます。「冠水」とは洪水などのために田畑や作物などが水をかぶることで、道路冠水という使い方もします。道路の被災状況を表す言葉として「路肩欠損」というものがあります。道路の構造上、車が走るところが車線、その外側に路側という五十センチから一メートル程度の余裕幅があります。道路が河川堤防上にあったり、山の中腹を通っていると、道路上を安全に車が通行できるように路側の外側にさらに路肩という余裕幅を設けています。この路肩が欠け落ちることが路肩欠損です。被害が大きくなれば、決壊や崩落、崩壊などという言葉が使われますが、特に基準を決めて使い分けているわけではないです。担当者が現地調査の報告で最初に使った表現がそのまま使われることもしばしばです。

続いて地震災害です。活断層、震度、地割れ、液状化について、国土地理院『活断層とは何か』、気象庁『地震発生のしくみ』『震度について』などを参考に引用しながら解説します。

地震は地下で起きる岩盤のズレにより発生する現象です。岩盤にズレを生じさせる力についてはプレートテクトニクスという説で説明されることは広く知られるようになりました。日本周辺では海のプレートが陸のプレートを引きずり込んでいくときに陸のプレートが耐えられなくなって跳ね上げられるように起こるのがプレート境界の地震です。例えば平成二十三年東北地方太平洋沖地震です。一方、それぞれのプレートの内部に力が加わって地震が発生します。沈み込むプレート内の地震としては平成五年釧路沖地震などがあります。また、陸のプレート内部では陸域の浅い地震として、平成七年兵庫県南部地震、平成二十八年熊本地震などがあります。この陸域の地震発生源と考えられるのが「活断層」です。崩れた山肌（露頭といいます）に砂岩・泥岩の互層が見られ、たまに層がスパッと切られたようにずれた姿が観察できることがあります。それが断層です。断層の中でも、特に数十万年前以降に繰り返し活動し、将来も活動すると考えられるものを活断層と呼んでいます。日本列島を縦断している中央構造線断層帯が有名で、地形の姿にも影響していますが、日本列島には至る所に活断層が確認されていて、現在二千以上も見つかっています。陸域の浅い地震はプレート境界地震に比べて規模が小さい地震が多いですが、人の居住地域に近いところで発生するため、大きな被害を伴うことがあります。地域ごとの揺れの強さを表すのが「震度」です。平成七年兵庫県南部地震は一月十七日に起こりました。翌十八日の『神戸新聞』には「兵庫烈震　死者千三百人」という見出しが上がっていました。当時はまだ強震とか烈震という言葉が併用されていて、烈震は震度六のことです。その後の現地調査を踏まえ神戸市や淡路島が震度七に修正されています。各地に震度計は設置されていましたがまだ十分ではなく、体感や周囲の状況から推定していたころの名残です。平成八年以降は、計測震度計により自動的に観測し速報するようになり、震度階級も震度〇～四、五弱・強、六弱・強、七の十段階となっています。大規模な地震が起こると、地表面にたくさんの亀裂が入ることがあります。亀裂が大きいと「地割れ」と呼ばれ、足がすっぽり入ってしまうような隙間ができてしまうこともあります。また、緩く堆積した砂地盤などは地震で激しく揺られると「液状化」という現象が起こります。地盤がまるで液体のように一時的にやわらかくなり、地面から泥水が噴出したり、地盤沈下が起こったり、さらに電柱が傾いたり、地中のマンホールが浮き上がったりといった被害が発生します。昭和三十九年の新潟地震で集合住宅の建物が傾いたり、建物の一階が地中にめり込んだりするなどの大きな被害を受けたことがきっかけで注目されました。

そして土砂災害です。砂防、土石流、地すべり、がけ崩れ、深層崩壊、盛土崩壊について解説します。「砂防」とは山地・海岸・河岸などで土砂の崩壊・流出・移動などを防止する施設（砂防設備）をすることで、主に土石流防止対策、地すべり防止対策、急傾斜地崩壊対策などが行われます。英語表記としてはErosion Control（浸食防止）となりますが、日本の砂防技術が世界的にも優れ、日本が海外のいろいろな国で技術指導をしていることや砂防に当たる適当な言葉が外国語にはないことなどから、外国語でもSABOといって通用するそうです。「土石流」とは大雨で崩れた土石が川の流れと一体となって一気に流下する現象。「地すべり」とは斜面が塊となって滑り落ちる現象で、斜面上の木々や建物がそのままの状態で移動する現象が見られる点ががけ崩れとは異なります。「がけ崩れ」とは大雨や地震などで急な斜面が崩れ落ちること。「深層崩壊」とは山の斜面が深いところから大規模に崩れる現象で、紀伊半島大水害時には各所で山が丸ごと崩壊する様子が見られ、注目されました。「盛土崩壊」ですが、本来、盛土は人工構造物なので、自然斜面が崩壊するのとは扱いが異なります。盛土の上が道路であるとか、住宅が建っているなど、盛土が利用されている場合はその視点で被害を捉えなければいけないし、盛土が崩壊し、流れ出した土砂によって下の方に被害が広がるようであれば土砂災害の視点が必要となります。令和三年七月に静岡県熱海市で大雨に伴って盛土が崩落し、大規模な土石流災害が発生したことなどから令和四年に宅地造成等規制法（昭和三十六年）が抜本的に改正され、通称「盛土規制法」として令和五年五月に施行されました。土砂災害としては人工物であっても自然斜面と同じような現象が見られ、対策していくべき課題であることに変わりありません。

(3) 災害復旧に関する言葉

異常な天然現象によって公共土木施設が被災した場合、公共土木施設災害復旧事業費国庫負担法（通称負担法）に基づいて施設の復旧事業を進めます。その対応の基本となる緊急対応、応急工事、本復旧工事について解説します。

大雨が降る、強い地震が発生する、など異常な現象が発生した場合、施設の管理者（例えば道路であれば道路管理者）は自分たちの管理する施設に異常がないかパトロールや点検を行います。あるいは地元等から「道路に異常を発見したので確認してほしい」といった通報を受けて現地確認に出向いたりします。こうした場合、現場の状況で施設そのものは壊れていないけれど道路に水が噴き出しているとか斜面から土石が転がり落ちてくるといった場合、管理者は「緊急対応」することになります。具体的には土のうを積んで水の流れを制御したり、道路に流出した土石を撤去したりといった対応です。日頃の施設管理の延長線上の業務であると考えられます。

施設が被災し、その規模が大きくなると「応急工事」が必要となります。この応急工事には「応急仮工事」と「応急本工事」があります。応急工事は原則として管理者の負担で施行するべきものですが、特別の事情が認められれば国庫負担の対象となります。道路が被災して通れない場合、例えば仮道をつけるとか、仮橋を架けるとか、あるいは堤防が被災して洪水が市街地に流入してくるのを防ぐために仮締切（矢板を打ったり、大型土のうを積んだり）を実施するなどの対応は応急仮工事といいます。一方、災害査定（国の災害復旧を担当する主務省と予算執行を決める財務省の担当者が現場へ来て、災害復旧の設計・申請を担当する自治体の職員から直接話を聞いて、三者で工法や事業費を決める手続き：本文73頁、118・119参照）の前に施行した工事のうち復旧工事の全部または一部となる工事を応急本工事といいます。応急仮工事の工法は毎年一回程度の災害で直ちに被災する恐れのないようなものとすることが決められていたり、応急仮工事として必要な仮設工事を本復旧の仮工事としても活用するなどの工夫が求められるところです。

「本復旧工事」とはいわゆる復旧工事です。災害復旧事業というのは負担法の中で、被災した施設を原形に復旧することを目的とする、とありますが、原形に復旧することが著しく困難又は不適当な場合はこれに代わるべき必要な質的改良を実施することも認められています。

(4) 災害対応を進める場合に鍵となる言葉

「インシデント・コマンド・システム」Incident Command System（ICS）とは一九七〇年代の米国カリフォルニア州での森林火災の現場で繰り返された失敗への反省を契機として開発されたシステムです。目標管理や一元的な指揮・統制などに特徴があることは本文中にも触れたところです（72頁、94頁）。さらに二〇〇一年の同時多発テロを契機として、ICSを根幹にして、より高度な危機対応システムとして構築されたものが、二〇〇四年に米国が発表したNational Incident Management System（NIMS）です。包括的な危機管理体系としてあらゆる組織のあらゆる危機に適用できるとされています。NIMSでは連邦政府をはじめとして全米のすべての自治体で危機対応システムとしてICSの採用が義務付けられています（中央防災会議災害対策標準化推進ワーキンググループ資料をもとに加筆）。

「リエゾン」というのは、元はフランス語で「つなぐ」とか「橋渡し」という意味だそうです。災害対策では「現地情報連絡員」のことを意味し、大きな災害の時には国から県庁へ、県から市町村役場へ情報収集や連絡要員として職員を派遣すること、またはその業務を負った職員のことを言います。もちろん災害対応に限らず、一般でも組織やグループ間の連絡や協力を担当する人物や役割を指して使われます。

「ノードとリンク」は物流の用語です。苦瀬博仁著『ソーシャル・ロジスティクス』によると、物流のうち輸送に着目して、施設・輸送手段・交通路で構成される輸送ネットワークで、倉庫や工場や店舗などの施設をノード（Node　交通結節点施設）といい、道路や航路をリンク（Link　交通路）といい、トラックや船舶をモード（Mode　輸送機関）という、とあります。これらはソーシャル・ロジスティクスの分野では施設インフラとして整理されています。災害時においても物資の供給・補給・備蓄は重要で、その中でも特に公共部門の役割としてノードとリンクに関する対応が求められるところです。

「道路啓開」とは、国土交通省によると「緊急車両等の通行のため、早急に最低限の瓦礫処理を行い、簡易な段差修正等により救援ルートを開けることをいう。大規模災害では、応急復旧を実施する前に救援ルートを確保する道路啓開が必要である。」とあります。また、前掲の『ソーシャル・ロジスティクス』では災害時の物資補給の統制システムの整備としてトリアージ（優先割り当て）の重要性を指摘しています。トリアージというのは、もとは災害医療分野の用語であり、多数の患者を重症度と緊急性から選別して、最も多くの人を救うように治療の順序を設ける危機対処方法であるとされていますが、この考え方は大規模広域災害時の道路啓開においても必要な考え方です。国土交通省では各地方整備局等の取組みとして、「迅速な道路啓開が可能となるよう、啓開の考え方や手順、事前に備えるべき事項等を定めた道路啓開計画の策定」を順次進めているとしていますが、災害発生時には地域の現状として、道路の被災状況に加え、被災地・被災者の状況、避難所や支援の状況などを速やかに状況判断し、道路啓開の優先順位を決定し、対処していかなければならないでしょう。

(5) 組織に関する言葉

組織に関する言葉は多種多様で、本文中にもたくさんの言葉が使われていますが、基本的な理解のために、官僚制、階層型組織、ティール組織、ステークホルダー、本庁と本課そして出先機関、渾沌について整理します。

「官僚制」は英語のビューロクラシー（bureaucracy）の日本語訳で、フランス発祥の制度です。『広辞苑』では「専門化・階層化された職務体系、明確な権限の委任、文書による事務処理、規則による職務の配分といった諸原則を特色とする組織・管理の体系」と説明されています。一般的には国家公務員の組織をもって高圧的で好まざる意味で利用されることがありますが、国のみならず、地方自治体でも一般の会社であっても、大きな組織を合理的効率的に統制する制度として広く受け入れられていると言えます。官僚制を象徴する組織形態が「階層型組織（ヒエラルキー）」といえます。県庁で言えば、知事を筆頭に各部長がいて、その下に各課があり、さらに各班があるという具合に、トップから段階を作ってピラミッド型に組織を形成しています。階層が上であるほど権限は強く、組織として典型的な上意下達の一元的な指揮命令系統となっています。

階層型組織のピラミッド型に対して、近年、フラットな組織形態が議論されています。

二〇一四年フレデリック・ラルー氏が世界の組織を調査し、組織の発達形態についてまとめ、『reinvolving organization（組織の再発明）』という書籍を出版しました。のちに日本語版が『ティール組織』という書名で出版され、広く知られるようになりました。この書中で組織の発達段階を色や比喩（メタファー）で表現しています。ティールというのは青緑色のことで、「ティール組織」は次世代型組織、比喩では生命体と表現されています。吉原史郎氏はその著書『実務でつかむ！ ティール組織』の中で、「社長や上司が業務を管理するために介入しなくても、組織の目的実現に向けてメンバーが進むことができるような独自の仕組みや工夫に溢れている組織」と表現しています。また、管理者のいない組織として知られるホラクラシー組織（二〇〇七年ブライアン・ロバートソンが提唱）もティール組織の一形態として整理されています。

「ステークホルダー」というのは利害関係者のことで、消費者や顧客など、事業・活動に対して直接的に影響を与える人のことを指します。行政では許認可等の相手方や用地取得の地権者などがこれにあたるでしょう。しかし、複雑な組織間関係の中で、状況や内容によって、その対象は様々に変化します。地方行政にとっては業界関係団体などに限らず、地元自治会や道路を利用する一般住民などもステークホルダーとなる場合があります。

行政は典型的な階層型の官僚制組織であるでしょう。とは言いながら時と場合、対象とする事象によって組織が変化することは本書でも組織の有機化として紹介させていただいたところです。ところで、組織の有機化を検討しようとするとそもそもの組織デザインについて知っておく必要があります。

本書では「本庁」「本課」「出先機関」という言葉がよく出てきます。県庁という大きな組織の中には本部機能を持つところと、地域・地区ごとの執行機関があります。本部に対して地域・地区にある事務所等は出先機関となります。出先機関から見て本部機能を持つところは本庁、そして本庁の中で、業務の主管課となる課は本課という呼び方をします。一般には「県庁」という言葉で一括されていて、厳密な使い分けが定義されているわけではないので、使う人によって多少ニュアンスが異なりますが、単純であっても組織検討上は重要な意味を持ってきます。

「渾沌」というのは中国老荘思想を記した『荘子《そうじ》』内編応帝王編に収められた寓話です。『広辞苑』によりますと、「①天地開闢の初め、天地のまだ分れなかった状態、②物事の区別のはっきりしないさま」とあります。偉そうに言って恐縮ですが、私の受け取った感覚とは少し違います。私は、「区別のはっきりしない状態、何となく『もやもやっとしたもの』（私はよくグレーと表現します）そのものも、そのままで大切にしていこう」と理解しています。もやもやしていても何かしらエネルギーが湧き出る気がするからです。では災害対応と何が関係するの？ と思われるでしょう。世間では、「長い物には巻かれろ」の諺どおり、目に見えない実力より目に見える権威に頼ろうとするところがあります。しかし、実力のない者では事は成し得ないことも周知の事実であります。だからこそ見えないところでも実力をつけなければならない。私は防災力というものにはそのような側面があると考えています。では組織にとって、その実力とは何だろうか。きっと組織によって画一的なものがあるわけではなく、組織に所属する個人ごとに千差万別多種多様な力の集合体に違いない、つまり組織にとって実力とは、組織が個人の能力を見極めること、言い換えれば一人ひとりの持つ力を活かさなければ、組織として事は成し得ないということではないかと考えています。大事なことは「結論を出すことではなく、疑問を投げ続けること」かなとも思います。そうした意味を包含して、「渾沌」は、私の大切にしている言葉の一つです。組織に関する用語解説にはなっていませんが。

参考図書

本文に参考とさせていただいた資料のうち、一般書籍として市販されているものを参考に掲載します。

太田和良『親と子の自由研究～家の近くにこんな生き物!?』東方出版、二〇一三
河田惠昭、林春男監修、大大特成果普及事業チーム33編著『巨大地震災害へのカウントダウン～東海・東南海・南海地震に向けた防災戦略』東京法令出版、二〇〇九
田渕直也『「不確実性」超入門』日経BP日本経済新聞出版本部、二〇二一
全日本建設技術協会『災害手帳』（災害手帳は毎年度修正され発行されている）
苫瀬博仁『ソーシャル・ロジスティクス』白桃書房、二〇二二
林春男、牧紀男、田村圭子、井ノ口宗成『組織の危機管理入門～リスクにどう立ち向かえばいいのか』京大人気講義シリーズ、丸善株式会社、二〇〇八
桑田耕太郎、田尾雅夫『組織論』有斐閣アルマ、一九九八
田尾雅夫『公共マネジメント～組織論で読み解く地方公務員』有斐閣ブックス、二〇一五
山倉健嗣『組織間関係～企業間ネットワークの変革に向けて』有斐閣、一九九三
ステファン・P・ロビンス、高木晴夫（監訳）『組織行動のマネジメント～入門から実践へ』ダイヤモンド社、一九九七
西川真規子『はじめての組織行動論』新世社、二〇二一
鈴木竜太、服部泰宏『組織行動～組織の中の人間行動を探る』有斐閣ストゥディア、二〇一九
開本浩矢『組織行動論』中央経済社、二〇一九
吉原史郎『実務でつかむ！　ティール組織』大和出版、二〇一八

参考文献

本文は著者が宇都宮大学で博士（工学）の学位を取得したときの博士論文を基に記述しています。そのため、研究成果としての詳細については（1）の当該論文およびその構成要素となる（2）から（4）の査読論文を参照してください。また、本文では、当該論文から引用して、多くの研究者による論文の成果を参考にさせていただいておりますが、ここでは構成上本文中に個人の名前を挙げている文献のみを取り上げ、（5）以降に掲載させていただきました。文献番号は本文中に傍記しています。いずれの文献につきましても詳細については博士論文等を参照していただけると幸いです。

（1）太田和良「緊急時における土木行政による災害対応マネジメントの研究」宇都宮大学博士論文、二〇二三

（2）太田和良、近藤伸也「二〇一一年紀伊半島大水害の経験を踏まえた公共土木施設災害復旧における現場対応の課題について」『地域安全学会論文集』三十九巻、一三三～一四三頁、二〇二一

（3）太田和良、近藤伸也「公共土木施設災害復旧における行政による現場対応の課題について～令和元年東日本台風災害における栃木県の災害対応」『地域安全学会論文集』四十一巻、一九～二九頁、二〇二二

（4）太田和良、近藤伸也「公共土木施設の災害復旧における組織間関係論と組織行動論に着目した権限委譲に関する検討」『土木学会論文集F6（安全問題）』七十八巻、二号、Ⅰ 四三～Ⅰ五四頁、二〇二二

（5）太田和良、西田治彦、玉川純次「串本町総合的津波対策の取り組みについて」『地域安全学会論文集』八巻、三〇七～三一四頁、二〇〇六

（6）太田和良、照本清峰、近藤伸也「二〇一一年紀伊半島大水害における道路応急復旧のプロセスと対応課題」『地域安全学会論文集』二十一巻、一～八頁、二〇一三

（7）近藤伸也、照本清峰、太田和良、片家康裕、高尾秀樹、河田恵昭「道路閉塞に着目した広域災害における孤立危険度マップの提案」『生産研究』四一七～四一九頁、二〇一〇

（8）太田和良、片家康裕、坂口歩、中瀬元浩、澤田雅浩、近藤伸也、福留邦洋、渡辺千明「紀伊半島における中山間地集落の孤立化と自立性に着目した防災力評価手法の検討〜東海・東南海・南海地震への戦略的な防災対策の一環として」『建築学会総合論文誌』六号、一一七〜一二二頁、二〇〇八

（9）太田和良、近藤伸也「地方イベントの実施状況から探る地域継続のための課題」『土木学会論文集F6（安全問題）』七十巻、二号、Ⅰ一五五〜Ⅰ一六〇、二〇一四

（10）近藤伸也、目黒公郎、蛭間芳樹「新潟県中越地震における新潟県の災害対応記録の分析」『土木学会地震工学論文集』七八〜八七頁、二〇〇七

（11）近藤民代、越山健治、林春男、福留邦洋、河田恵昭「新潟県中越地震における県災害対策本部のマネジメントと状況認識の統一に関する研究〜『目標よる管理』の視点からの分析」『地域安全学会論文集』八巻、一八三〜一九〇頁、二〇〇六

（12）永松伸吾、越山健治「自治体の災害時応援職員は現場でどのように調整されたか〜二〇一一年南三陸町の事例」『地域安全学会論文集』二十九巻、一二五〜一三四頁、二〇一六

（13）山本一敏、後藤洋三、柿本竜治、山本幸「二〇一六年熊本地震における自治体技術職員の応急対応と建設業事業者・コンサルタントとの協働に関する調査」『土木学会論文集A1（構造・地震工学）』七十七巻、四号、Ⅰ五八九〜Ⅰ六〇二、二〇二一

（14）指田朝久、池上雄一郎、コナーこずえ、坂本憲幸、町晃「日本版FEMA構築の可能性と留意点〜政府と地方自治体の災害対応の在り方の提案」『地域安全学会梗概集』三十五巻、九〜十二頁、二〇一四

（15）河本尋子、重川希志依、田中聡「ヒアリング調査による災害応援・受援業務に関する考察〜東日本大震災の事例」『地域安全学会論文集』二十巻、二九〜三七頁、二〇一七

（16）蛭間芳樹、秦康範、目黒公郎、近藤伸也「新潟県庁の危機管理における環境適応と組織能力の『カイゼン』〜二〇〇四年新潟県中越地震と二〇〇七年新潟県中越沖地震の事例から」『地域安全学会論文集』十四巻、一一二三〜一一三二頁、二〇一一

(17) 本荘雄一、野田隆「緊急対応・応急対応期での自治体間の人的応援における応援自治体（拡張型組織）の特性~熊本地震時における神戸市からの職員派遣の事例から」『地域安全学会論文集』三十一巻、二四九~二五九頁、二〇一七

(18) 尾形真実哉、稲水伸行「特集『時間展望の組織論』に寄せて」『組織科学』五十六巻、一号、二~三頁、組織学会、二〇二二

(19) Levin, K. Field theory in social science, Harper & Brothers, 1951（猪股佐登留訳『社会科学における場の理論』八六頁、誠信書房、一九五六）

(20) 江夏幾多郎「人事評価やその公平性が時間展望に与える影響~個人特性の変動制についての経験的検討」『組織科学』五十六巻、一号、三三~四八頁、組織学会、二〇二二

(21) Stolarski, M., Fieulaine, N., & Zimbardo, P. Putting time in a wider perspective: The past, the present, and the future of time perspective theory. In V. Zeigler-Hill, & T. K. Shackerlford (Eds.), *The SAGE handbook of personality and individual differences*（pp.592–628）Sage. 2018

(22) 砂口文兵、貴島耕平「組織行動論における組織の様相~『組織の喪失』の再検討~」*Transactions of the Academic Association for Organizational Science*、十巻、二号、二八~三四頁、二〇二一

(23) 池田浩、縄田健悟、青島未佳、山口裕幸「セキュアベース・リーダーシップ論の展開~過去から『安全基地』の関係を築き未来への挑戦を促すリーダーシップ」『組織科学』五十六巻、一号、四九~五九頁、組織学会、二〇二二

太田和良（おおた　かずよし）
1987年に大阪大学工学部土木工学科を卒業し、和歌山県庁に土木職として採用される。河川、道路、港湾等の公共土木施設の整備に携わる中、一貫して防災業務に関わってきた。
2021年に宇都宮大学大学院地域創生科学研究科博士後期課程に社会人枠で入学し、「緊急時における土木行政による災害対応マネジメントの研究」に取り組み、2023年９月、同大学より博士（工学）の学位を授与される。
2024年３月をもって定年退職後、４月から和歌山市に本社を置く株式会社豊工業所で技術顧問として勤務する傍ら、宇都宮大学と和歌山大学で客員教授として研究を継続している。現在、Office O.T.A.（Organizational management with Time and Ability）を立ち上げ、防災に関連した、教育・人材育成・組織マネジメントのコンサルタント業務に取り組むべく準備を進めている。

雨が降ったら仕事が始まる
地方公務員の水防業務

2025年４月21日　初版第１刷発行

著　者——太田和良
発行者——稲川博久
発行所——東方出版㈱
〒543-0062　大阪市天王寺区逢阪2-3-2
Tel 06-6779-9571　Fax 06-6779-9573
装　丁——森本良成
印刷所——亜細亜印刷㈱

ISBN 978-4-86249-466-5　落丁・乱丁はおとりかえいたします。

親と子の自由研究　家の近くにこんな生き物!?　太田和良　1200円

巨石めぐり　関西地学の旅8　自然環境研究オフィス編著　1600円

街道散歩　関西地学の旅10　自然環境研究オフィス編著　1500円

洞窟めぐり　関西地学の旅11　自然環境研究オフィス編著　1500円

高野街道を歩く　森下惠介　2800円

和歌山県の祭りと民俗　和歌山県民俗芸能保存協会編　2200円

防災・減災・復旧・復興Q＆A　大災害被災者支援の経験から　近畿災害対策まちづくり支援機構編　4000円

＊表示の値段は消費税を含まない本体価格です。